JN411115

김 현 철 시집

남한산성 방랑객 시선 11집

발자국에
남긴 이야기

도서출판 동 강

〈서 언〉

나는 스스로 방랑시인이라 했다
공직을 나와 제2의 인생길도 삶은 녹록하지 않았네
배고픈 자 샘을 파듯 공인중개사도 행정사도
살아온 삶의 허물들

산을 찾아 해맨지 10여년
그곳에서 깨달음을 얻었으나 아직도 배가 고프다
세상에 나온 3천여 편 시와 10권의 시집으로
출판되었으나 빛을 발하지는 못했다

그래도 카페며 카톡, 밴드를 통해 5백여 명의
독자가 있기에 다시 한 번 용기를 가져본다
오늘도 산과 들을 찾아 보고 듣고 느끼며
쌓여가는 서첩 속의 아우성들 ……

누군들 만족하겠냐마는 늘 미완성의 파편조각들
퍼즐 맞추듯 창작의 나래 펼쳐보지만
쌓여가는 휴지통의 반란, 난들 만족하리오

남겨진 여백 뒤적이며 이 밤도
임 찾는 심정으로 이곳저곳을 헤매보지만
잠 못 이룬 이 밤도 홰치는 소리에
잠이 들어도 누가 있어 깨워 주리오

넋두리 하소연에 허기진 배 움켜잡고
오늘은 이산으로 내일은 저산으로
방랑객의 신세 이려하려니
같은 산 같은 길을 걷더라도 생각과
느낌은 다르니 어찌 만족할 수 있으리오

이제 와서 원점으로 돌아간들 걸어온
흔적 지우리오. 누가 있어 맞아 주리오
홀로 걸어온 이 길에 아픔도 외로움도
발자국에 남긴 이야기들
읽어주는 이 있으면 감사할 뿐

방랑객이 가는 이 길의 끝은 어딘지 몰라도
길 위에서 만난 사람들의 이야기만은
남겨두려니 그 마음 그 열정만은 받아주오

남한산성 방랑객 시선 10집까지
함께해주신 한국문예춘추 및 장기문예 문우님
재경장기산악회 및 재경동지산악회 회원님
카페며 밴드 카톡으로 열람해주시는 독자님께
진심으로 감사드린다

필자 남한산성 방랑객
거암 김 현 철

발자국에 남긴 이야기(1)

수평선 넘어 미지의 땅
그곳이 어디든
세월의 흔적 남아있겠지

걸어 온길 돌아보니
남겨진 발자국
그 속에 담긴 이야기들

자연 속에 흩어져
조각난 파편들
너와나의 인생이야기

그것이 무엇이든
과거는 과거에 머물고
내 삶은 현재가 중요하려니

미래는 나의 것
언젠가 그곳에 닿으리라
마지막 남겨진 꿈의 무대를

발자국에 남긴 이야기(2)

사시사철 꽃은 피고
열매 맺어
유전자를 남겼다

걸어온 길은 지워지고
모진 비바람 견딘 거리
이정표는 없었네

가는 길이 험할지언정
외롭게 가야하는 인생길
그 누가 잡아주리

떠나간 고향산천
북망산천 건너간들
살아온 길만 하리까

발자국에 남긴 이야기
설운마음 달래며
서첩에 남겨두려니

목 차

제1부 봄 마중

봄마중

제2부 5월의 하늘아래

오월의 하늘 아래

제3부 가을로 가는 길

가을로 가는 길

가을로 가는 길

제4부 갈바람 불어오면

갈바람 불어오면

갈바람 불어오면

갈바람 불어오면

제1부
봄 마중

2019. 3월 재경장기산악회 산신제
(경기도 파주 감악산)

봄 마중

어둠 헤치고
버들도 개울물 소리에
몸짓 키우는 봄바람

새하얀 속살
여린 숨결의 흐느낌도
봄비에 젖어드는 그리움

겨우내 묵혀둔
허기진 마디마디에
빨라지는 물 흐름

가슴 한편에 새겨둔
새 생명의 시나리오
새싹의 꿈들

한 떨기 꽃으로
피어날 그날을 위해
봄 마중 가리다

생일을 맞으며

육십갑자 한 바퀴 돌고
삼년이 지난시점
새 식구가 늘었다

행복이 따로 있겠냐만
함께한 자리가 좋고
사람이 그리운 시기

채우지 못한 빈자리
마음 시리다만
한잔 술로 달래본다

세월에 밀리고
잠 못 이룬 정월 열사흘
대보름이 그리웠나

낳아주신 부모님 전에
마음은 늘 그 자리
은혜는 잊지 않으려니

졸업식 회상

만학의 길도
누구에겐 추억의 한 장면
그날이 그립다

졸업은 또 다른 시작
배고픈 시절의 추억들이
가슴 아프게 하지만

검게 탄 구릿빛 얼굴
배부름도 사치였나
그땐 그래도 행복했다

밀가루에 구두약
정든 교정 떠나는 모습
예나 지금이나 같은 마음

친구들아 다들 잘 지내지
그 시절 그 추억
다시 한 번 보고 싶구나

봄소식 전해오면

낙엽에 덮여 지워진
추억의 흔적들
그날을 생각 한다

울적한 마음 달래려
배낭에 물병하나
바람과 함께 오르면

깊은 계곡의 물소리
밤새 그리움에 젖어
개울물이 깨운 실버들

양지쪽 산기슭
봄 햇살 받으며
피어나는 산고의 고통

떠나갔던 산새들도
이른 봄소식에
계곡을 일으켜 세운다

임 그리운 밤

달빛에 가린 그림자는
그대로 남아있는데
임은 떠났습니다

언젠가 그 언젠가
잔설 남은 그리운 밤
그곳을 찾아 가려니

피지 못한 꽃이라도
한번 맺은 인연
애틋함은 남아

밤이면 밤마다
떨어지는 별똥별
이내마음 전하려니

임 그리운 밤
잠 못 이룬 이 밤도
잊지 못할 그리운 밤이여

사랑하며 살자

한 생을 살며
예쁜 꽃으로 피어나
향기를 남기고 가자

사랑이 충만하면
행복도 덤으로 오는 것
사랑하며 살다가자

큰 꿈은 아니어도
소박한 사랑이라도 하자
그 여운은 오래 남으려니

사랑의 힘은
세상을 바꿀 수 있는
힘의 원천이기에

내일의 태양이 뜨면
너와나 우리 모두
사랑하며 살다가자

서오릉의 눈물

고양시 서오릉에는
능도 원도 아닌
묘가 한구 있다

조선 19대 숙종의
후궁이자 경종의
모후인 희빈 장씨

한 시대를 풍미한 여인
그녀의 권력 중심에
서인과 남인이 있었다

정치적 투기인가
과정도 결과도
정치적 이합집산

시대적 숙명일까
한 여인의 야망이
짧은 생을 살다 갔다

*재경장기산악회 2월정기산행지
고양시 덕양구 서오릉에서

봄이 오면

마음의 봄은 언제 올지
오늘은 이산에서
내일은 저산으로

방랑객의 발걸음은
아직도 배고픈 청춘
언제 봄이 오려나

먼 산 진달래피면
내 작은 가슴 한편에
선홍색 열기로 차올라

꽃피는 봄이 오면
미풍에 설렘 안고
내님도 찾아오겠지

그날이 오면
그대와 함께 휘파람불며
희망의 노래 부르리

나비야 날아라

잔잔한 미소 머금고
치맛자락 날리며
꽃바구니 옆에 끼고

산비탈 누비는
나물 캐는 아낙네야
내님은 오지 않았소

땀방울 흘러내려도
낙엽더미 속 술래잡기
숨겨놓은 여린 손

만고풍상 겪으며
한 떨기 회색의 꿈
피고 진 민들레

나풀나풀 꿈속인양
소리 높여 불러본들
아직도 꿈속 봄이려니

오늘 하루도

살아가는 동안
동행한다는 것은
큰 인연입니다

할 수 없는 것도
함께 했기에 가능했음을
잊지 않겠습니다

나는 당신이 있어
행복했고 꿈을 꾸며
내일 향해 달려갑니다

당신이 행복할 수 있다면
당신위해 용기를 가지고
힘을 내어 봅니다

오늘 하루도
미소 짓는 당신모습
볼 수 있도록 소망하면서요

지혜를 주소서

돈과 권력이 있어도
교만하지 않게 하시고
사소한 것에도 만족할 줄 알며

법을 배우지 않아도
배려하고 양보할 줄 알며
함께 나누는 삶을 살게 하소서

아픔이 찾아와도
훌훌 털어버리고
일어서는 힘을 주시고

목마른 자에게는
단비와 같은 물을 찾는
지혜를 주소서

소박한 삶 일지라도
소소한 즐거움을 느끼며
감사할 줄 아는 지혜를 주소서

세월 앞에서니

한 점 구름도
바람 없이 못가고
우리네 인생도
사랑 없이 못 가느니

못 다한 그리움
눈물 되어 흘러내려도
인연의 흔적은
세월 따라 뒤척인다

가엾은 인생고개
너만은 변함없기를
꿈속에서 빌어볼까

노심초사 하늘 바라보니
유년의 그리운 얼굴들
살아온 흔적 지우리.

* 2019년 3월 9일 구운초 20회 정기총회
구미 호텔 금오산에서

그날이 그리워

눈을 감으면
그날의 추억이 생각나
하늘을 쳐다본다

잘 익어가는 나이
유년의 그리움도
한낱 꿈속이련가

백발에 주름진 계급장
어제의 기억이 생생해도
지울 수 없는 아쉬움

얼마나 더 만날지
한겨울 묵은 때 씻어내고
봄날이 찾아오듯

구운초 친구들아
그날의 그 추억 안주삼아
막걸리잔 기울여 보세나

인생도 산행

“인생은 짧고
예술은 길다”라고 했는지
이제야 알 것 같다

산에 오르는 길은
깔딱 고개 한 두개 넘지만
내려오는 길은 지름길

육십갑자 한 바퀴 돌다보니
우리네 인생도 삶도
굴곡진 인생고개

밀려가는 세월
급행열차 탔는지
가는 세월 누가 잡으랴

지는 노을이 쓸쓸할 때면
어느덧 황혼의 길손
우리네 인생도 산행이었네

봄날의 수채화

늘 푸른 소나무처럼
그렇게 살고 싶었지만
나의 욕심일까요

코끝 스친 바람이
옷깃을 여미더니
봄바람 불어오면

개울에 피어난 버들강아지
회색의 묵언수행도
마음을 흔들어놓지만

원인과 결과도
형식이 만들어지면
내용은 채워질지

무소유의 삶을 위해
마음은 침묵으로
수채화 한 폭 그려간다

텃밭의 하루

어둠 깔린 대지
새들의 지저귐에
숲속도 새벽을 깨우고

잠 못 이룬 이 밤도
분침을 돌리고 시침을 밀어
생의 허물 벗는다

기대와 부푼 꿈도
한줄 한줄 정성 다해
푸른 꿈 가꾸는 그곳

시간의 허물 뒤집어쓰고
꽃피고 열매 맺는
내일의 텃밭 식구들

눈으로 볼 수 없다만
시 밭에 시어들 뿌려
풍성함을 채워 가려니

정치적 논리

분열과 갈등
정치인의 계산적 사고는
누구를 위한 것인지

전체를 알지 못하고
부분적인 앎이
사회를 병들게 했고

아프지만 희망을 갖자
결과는 노력의 부산물
꿈을 잃지 말자

흔들리지 않는 나무가 없고
피지 않는 꽃이 없듯
비극의 역사 만들지 말자

현실을 직시하고
남의 목소리에 귀 기울이며
이상의 꿈 키워가려니

하룻밤은 길었네

밤은 깊었고
흰 백지 상태에서
아무것도 할 수 없었다

핸드폰에 익숙한 시대
한번쯤 경험하지 않았나
나약한 삶의 오류를

닫혀버린 식당
주위를 맴돌았지만
연락은 되지 않았네

잠겨버린 숙소
들어갈 방법이 없어
하룻밤은 찜질방신세

그렇게 긴긴밤은
식당 문이 열릴 때까지
갇혀버린 영혼

핸드폰의 익숙함이
기억을 마비시켰고
하룻밤은 길고 길었네

춘래불사춘

산수유며 개나리가
봄을 맞아 주건만
마스크 속 가려진 그림자

숨쉬기조차 힘든 하루
미세먼지가 봄인 냥
기세를 부리고 있다

춘삼월 봄은 왔건만
봄기운 느낄 수 없으니
누구를 탓하리요

청보리 밭이 일렁이고
종달새가 우짖는 고향
그곳이 좋으리

이래저래 숨죽이며
찌푸린 얼굴
춘래불사춘이라 말하리까?

방랑의 세월

비바람 맞으며
홀연히 떠난 방랑객
자존심만은 아니다

형식의 틀을 깨고
죽음 앞에선 조국의 운명
그것이 나의 길이라면

육십갑자 한 바퀴 돌아보니
삶은 쉽지만은 않았고
남은생도 역시나인지

한해가 가고 또 한해
빠르게 느껴질 때마다
조급함이 앞을 가로막지만

먼동이 트기 전에
그곳에 닿을지
조국 앞에 부끄럼 없기를

눈을 감으면

눈을 감으면
인생 파노라마
대사 없는 드라마

바람 불면 부는 대로
세파에 밀리고 밀려
떠나가는 방랑의 세월

무심코 던진 돌 하나가
큰 상처를 입었다고
말을 해야 하나

꿈을 잃었고
나약해진 마음에
봄바람은 불어올지

실개천 돌고 돌아
목메어 불러본들
허공 가르는 빈 메아리

행복 찾아가는 길

길은 외길
자연에 기대여 형성된
좁고 굴곡진 오솔길

우리네 삶의 길도
느리지만 정서가 살아있는
추억의 꼬부랑길

길 위에 만난 사람들
세상에서 필요한 것은
소중한 당신입니다

인연의 고리로 만났으니
어제보다는 오늘이
더 행복할 수 있도록

행복 찾아가는 길도
배려하는 마음 하나로
당신을 믿고 가렵니다

봄나들이

오밀조밀 생강나무 꽃
목이긴 산수유 꽃
연분홍 치맛자락 진달래

산과 들에는
울긋불긋 피어나는
자연의 오묘함들

깊은 골을 채운
꽃향기에 취할 것 같은
봄의 향기

작고 앙증맞은 봄꽃
바람 불면 날아갈 것 같은
여린 꽃과 줄기

예나 지금이나 설렘은
변함없건 만은
자연은 비켜갈 수 없네

그리운 날에

골골 부락이룬
우리네 고향 들녘은
추억 묻은 장기고을

이팝꽃 피어나면
휘어진 굶주린 배
꿈과 희망도 사치였지

지는 노을 바라보니
유년의 그리움도
스쳐 지나간 바람

살아온 세월 변했어도
가는 세월 잡을 수 없다면
이제는 내려놓고 가자

친구야 그날이 그리워지면
종종 만나 추억 안주삼아
막걸리잔 기울여 보세

인생도 구름

삶의 언저리에
영원한 것은 없나니
무슨 욕심이야 있겠냐만

잠시 왔다가는 세상
소풍 온 마음으로
바람같이 살다 가려니

세월을 붙잡는다고 잡히리오
무소유의 마음으로 살다
부름 받으면 가야지요

잊지 마시게
살다보면 이런저런 일도
한순간 삶의 과정이려니

바람처럼 왔다가
구름처럼 밀려가는 것이
인생길이 아닌지요

마지막 바램

살아온 인생보다
살아갈 인생길이
얼마나 남은 것인지

머물 수 없는 인생
후회도 하지말자
미련도 남기지 말아주오

친구가 그리울 때면
함께 술 한 잔 나누며
마음 나눌 수 있다면

언제 어디서 만난들
장소가 중요 하리오
만날 수 있는 것이 행복

이보시게 친구
막걸리 한 사발에
노을이 더 붉게 빛나는구려.

세월아 내월아

오늘 하루도
아침인가 했더니 저녁이고
한해도 그렇게 저물어간다

빨라지는 세월
시간은 변함없건만
마음만 분주해 진다

살아온 시간보다
살아갈 날이 짧다는 것이
사실이라 인정하자

지나간 시간보다
현재가 중요함을 알기에
이제는 내려놓자

행복도 마음에 있나니
세월아 내월아
날 두고 너만 가거라

꽃샘추위

찬바람 불어와
꽃잎진자리 시샘하지만
계절은 어쩔 수 없나보다

물줄기는 펌프질하고
잎들은 눈망울 굴리며
꽃샘추위를 밀어 낸다

홀연히 피어난 목련
그 아래 앉아
봄비에 젖어 보지만

꽃이 핀다 한들
뿌려놓은 꽃길
그 누가 밟을 수 있으랴

모진 풍파 이겨내고
봄을 맞았건만
반기는 이 없으니 말이요

문패 없는 집

세월이 가고
정권이 바뀌어도
변한 것은 무엇인가

짜진 틀 속에서
빈부의 격차만 늘어나
살아가기 힘든 세상

사생활 보호도 중요하지만
알권리도 감추는
이 풍진 세상

어디서 와서 어디로 가는지
뿌리조차 찾을 길 없는
풍전등화 같은 세상

문패는 없어도
수인번호판에 의지하며
살아가는 현대인의 민낯

10년의 세월

한 알의 밀알도
시작은 미약하나
결실은 창대하려니

10년의 산행실적
그것은 고향의 향수
장기인의 마음 이었다

한 달에 한번이
어느덧 추억 속에 쌓여
그동안 흘린 땀방울들

한 사람 한 사람이
다 함께할 수 있어
행복이고 정이였네

산을 누비며 나눈
고향의 사투리와
산속에 차린 음식백화점

알고 보면 충효의 고장도
한 형제 한 가족
그 이상도 이하도 아니었다

이제 10년 100회 산행
20년 아니 100년 향해
그날을 축원하네

*재경장기산악회 10년 100회 산행축하
산신제 겸 정기산행 파주 감악산에서

방랑의 길

마음이 빈곤했기에
삶의 노예가 되었고
방랑시인이 되었다

불러주는 이 없어도
갈 곳은 많으니
부러울 것이 뭐가 있겠소

시 한수 읊조리며
술에 취해 흥얼거려본들
세상은 변할 줄 모르니

오늘은 이 거리에
내일은 저 거리 누비며
세상구경 만끽 하리다

이보시게 장미꽃이 예쁜들
보지 못하고 느끼지 못하니
어찌 행복을 찾으리오

임의 향기(1)

유채꽃 향기 밀려와
봄을 맞았으니
이제 당신 찾아 가리다

한줄기 이슬로 남아
꽃잎진 자리 봄바람타고
미소 머금고 찾아가려니

가냘픈 봄꽃이 연약해
향기는 없다한들
바람에 아니 밀리리

호수에 비친 잔물결
구름에 달빛가린들
그리움 잊으리오

두근거리는 가슴마다
움트는 새싹의 향기
당신 향한 그리움 입니다

소중한 하루

덧없는 세월
닫혀있는 마음열고
생의 찬미 느껴보자

정답 없는 삶이기에
희망을 가질 수 있고
꿈을 꿀 수 있어 행복하다

인간이기에 부족하지만
지식은 인터넷 속에 있고
지혜는 깨달음이니

망각의 창 두드리지 말고
매사 긍정의 마음으로
창조의 길 찾아가려니

감사하는 마음으로
오늘보다는 내일이 있어
꿈을 꾸고 희망은 있으려니

추억 묻은 고향

사통팔방 뚫린
재너머 산골마을
그곳이 나의고향 버밑

골짝골짝 가가호호
천년의 요새지역
예나 지금이나 그대로

마을중앙 당산나무는
마을을 지키는 수호신처럼
말없이 서있다

떠나버린 빈 둥지만
흑백사진으로 남아
자리를 지키고

아기 울음소리 사라진
그곳이 나의 삶의 터
옛 기억이나 해줄까

*버밑 : 포항남구 장기면 금오2리 옛 지명

우린 좋은 친구

멀리 떨어져있어
자주 만날 수 없어도
마음속에 남은 그림자

그리움 넘어
설렘 안고 만나는
너와 나는 백년친구

하루하루가 익어가는
너의 모습 속에
내 모습 보는 것 같다

이순이 넘은 친구
내 곁에 남아있다는 것이
행복이고 축복이었다

살아온 날의 여운들
추억 되새김질하며
남은 생도 그렇게 살자

천리향의 삶

동지섣달 긴긴밤
온몸으로 삭풍 맞으며
사무친 한의 서리

빈틈 부여잡은
고드름의 인내 속에
생의 마지막 몸부림

강한 어미의 모성애
너와나의 절규
비워낸 자유로운 영혼

삶의 꿈들이
할머니의 성처럼
응어리진 새하얀 면사포

아름다운 이름에 담긴
천리향의 참모습
내일의 꿈이 숨겨져 있네

봄날의 향연

바람 실은 햇빛
음지 찾아드는 봄날은
피부 깊숙이 찾아들고

앙증맞은 봄꽃의 자태
화사한 상춘객 얼굴에도
봄날의 입김

붉게 물든 노을
주름진 골 깊이에도
연분홍 진달래 한 송이

덧없는 세월에
절름발이 고독마저
다독이는 봄의 향기

가슴 설레게 한
벚꽃 터널 속 봄의 향기
화사한 봄날의 향연

생의 허물

자유로운 영혼도
생은 어디서 왔다
어디로 가려하는지

하늘아래 땅위
광풍 같은 절망에도
생은 한순간 이었다

철없던 어린 시절에도
뒤늦은 깨달음도
속내감춘 인생드라마

굴곡진 인생도
변화의 물결 속에
살아남기 위한 몸부림

걸어온 발자국에 담긴
생의 허물들도
스쳐지나간 일장춘몽

둥지 떠난 새

깊은 산속 재잘거림도
비좁은 둥지의 바램도
그때는 몰랐지

먼지 쌓인 공간
그 여백에 남겨진
지난날의 이야기

만남과 헤어짐도
밤과 낮의 길이만큼
짧은 인연의 고리

우린 그렇게 헤어졌고
또 만남을 기약하면서
남몰래 흘린 눈물

새로운 삶을 위해
떠나가는 날 밤
우린 그렇게 슬피 울었소

재너머 고향집

봄 향기 흩날리는
언덕배기 넘어
고향 찾아가는 길

가는 길이 사무쳐
눈가에 얼룩진 잔주름
걸어온 길 바라본다

돌아갈 수 없는 인생길
벚꽃마저 짧은 생애
멈출 길 없는 고갯마루

막걸리잔 기울인들
길섶에 잡초더미
먼 기억에 자리 잡고

사무친 그리움이
낙수되어 떨어진들
이내마음 누가 알리오

떠나버린 인생열차

갈길 먼 나그네
바람에 날려 온 벚꽃
너의 갈 곳은 어디메뇨

달려 온 길도
가야할 길도 없는 곳
발목 잡지는 말아주오

너의 무덤가에
다소곳이 고개 숙인
할미꽃의 마음일까

먼 길 돌고 돌아
봄 찾아 왔건만
싸늘히 식어버린 냉가슴

꽃피고 새 울던 시절
그곳으로 돌아갈 수 없는
떠나버린 인생열차

이승과 저승사이

이승과 저승의 공간도
마음의 여백에 쌓여
오갈 수 없는 곳

누가 저승이 멀다고 했나
눈감고 누우면
그곳이 저승인 것을……

이승에서 수고로 움도
저승가면 당당하게
편안히 살고 싶은 마음

인터넷이 발달했고
인공지능이 발달했으니
온라인이라도 개통된다면

노잣돈이라도 풍족하게
못 다한 삶 누리며
한세상 그렇게 살고 싶네

소박한 꿈

지평선 바라보니
이국땅에 온 느낌
나는 꿈을 꾼다.

내가 걸어온 길도
바람은 지우고 덮어
새로운 길을 만들고

벚꽃터널 따라
흘러내리는 꽃비
먼 기억의 이야기

입가에 미소 머금고
달려 가보지만
막다른 벼랑 끝

봄날의 졸음도
유년의 그리움처럼
소박한 꿈을 꾸네

텃밭의 인생

객토한 밭에 씨를 뿌려
가뭄에 타들어가는
그 마음 이러할지

욕심을 내려놓았으나
말라비틀어진 모습이
자신을 보는 것 같았네

하늘을 원망했고
무식한 자신을 탓했지만
뒤늦게 깨우침을 얻었다

비옥한 토지일지라도
시기와 장소에 따라
자양분이 필요하듯이

세상살이가 이러할진대
경쟁에 내몰린 젊은이
그들은 어떤 마음일까

나는 잡초라네

이름도 성도모르니
무식이 부르는 이름
나는 잡초라네

문전옥답이면 더 좋고
비알산 쭉정밭 이면 어떠리
난 그렇게 살아왔다

이름 하나 얻자고
세월한편에 새겼으나
불러주지 않으니 어찌하오

내가 머문 이곳이
나의 삶의 터전
이곳이 어미의 고향

짓밟히고 뽑혀져도
강한생명력 하나로
살아남은 나는 잡초라네

청계산 충혼비

하늘 문 앞 목탁소리가
계절 넘겨도 잊지 못하고
가슴에 박혀 멈춰버린 시간

풀숲 따라 바람이 일고
길을 잃어 들어서면
별빛 쏟아져 내리는 곳

햇빛등진 언덕
바람마저 돌다 떨어지는
매봉산자락 충혼비

피지 못한 꽃봉오리
가슴에 새겨놓은들
허공 가르는 빈 메아리

낮이면 산새들이 지저귀고
밤이면 별빛 내려앉는
피지 못한 영혼들이여

*청계산 동기생 충혼비 앞에서

그리운 날에

나른한 봄날
바람에 날려 와 손짓하는
연분홍 꽃잎하나

눈감고 손 내밀어도
잡힐 듯 말듯
먼 날의 추억들

구름 한 점 밀려간 자리
떨어지는 산 벚꽃
너의 고향은 제주랬지

꽃비내리면 그만 인걸
한해를 기다렸건만
잠시 왔다가는 아쉬움

그리운 날에
너를 만나 지새운 밤들
짧은 만남 긴 이별을……

백만 송이 장미

벚꽃이 지나가면
나는 너를 기다리네
백만 송이 장미를

오늘은 들국화
내일은 장미꽃
야생마처럼 그렇게 살았다

여린 새순으로 자라
봄볕 지나고 땡볕 내리쬐는
여름의 초입 너를 보려니

기다림에 지쳐 누운 달님도
바람 따라가던 햇빛도
피곤에 지쳐 누울 때면

담장너머 고개든
밀려드는 임의 향기
그대는 나의 그리움이여라

나는 내가 좋다

한세상 살다보니
백년도 못 살면서
천년을 살 것처럼 했는지

어차피 빈손으로 왔다
빈손으로 가는 인생
무슨 욕심 있으리오

한번뿐인 인생
여행 온 기분으로 살다
노을이 찾아들면 가리다

그래도 미련이 있다면
보고 싶은 친구만나
못 다한 이야기 나누고

황혼이 찾아오면
노을빛에 친구들 만나
막걸리 한사발이면 족하리

틈과 틈 사이

광활한 대지
거칠고 척박한 땅
비좁은 틈새 생명력

삶은 외모보다
내면적인 인간미
자아의 실현이고

생명은 주어진 인명
잘 가꾸어 가는 것은
본인만의 노력과 열정

삶도 꿈의 무대이기에
오늘보다 내일이 있어
늘 희망의 꿈을 꾼다

틈과 틈사이 공백도
생명선의 연결고리
그것은 미덕 이였다

그리운 고향

흑백사진의 음영
낭만과 추억이 깃던
정들은 고향의 풍광

노을 진 금오지에
잔물결 위 매캐한 연기도
골짜기를 채운 그리움

호롱불이면 어떠리
촛불이면 더 좋으리
불빛아래 모여든 눈망울들

희미한 옛 기억도
가버린 세월에
너와나의 삶의 허물들

고향의 향수 그리워
수묵화 한 폭 담으랴
그리운 마음은 어찌할꼬

*금오지 : 포항남구 장기면 금오리소재 저수지

커피 한잔에도

하루가 간다고
노을이 진다고
피는 꽃을 막으랴

커피한잔 속에도
존재한다는 것은
이유가 있을 터

앎과 모름 사이
커피와 설탕의 갈등
그 속에 담긴 맛의 비율

하루에 몇 잔을 먹을지
계획성 없는 일상도
잔을 채워 간다

어느덧 커피 맛도
익숙함에 길들여지듯
하루도 그렇게 마감하네

인생예찬

염원의 꿈을 꾸고
세상과 인연 맺어
여기까지 왔다

부모님 발자국 따라
정답 없는 삶을 살면서
꿈이라는 걸 알았고

불혹의 나이 지나면서
인생의 참맛을 느꼈고
지천명 때 깨달음을 얻었지

60갑자 한 바퀴 돌다보니
인생의 나침반도
삶의 이정표도 없었네.

가는 세월 잡을 수 없으니
비워야 채워지는 진리를
이제야 실천할 때 아닐지

봄꽃보다 가을단풍이 예쁘고
지는 노을이 붉게 물들어
인생나이 가을임을 알았다

이제 자아실현을 느낄 나이
알면서도 조급함이
자존심을 앞세우지만

한 점 부끄럼 없이 살다
저승가기 전에 향기만은
남겨야 하지 않겠소

한번뿐인 인생
누가 뭐라고 해도 듣지 말며
못 볼 것 봐도 못 본 척

이래저래 한세상 살다
부름 받으면 가리다
그곳이 나의 제2의 고향

제2부
5월의 하늘아래

2018. 10월 장기중학교 20회 나들이
(오대산 상원사/월정사, 삼양양떼목장)

5월의 하늘아래

청명한 하늘아래
맑고 푸르른 5월
피지 못한 한 떨기 꽃

너는 아는가
불러도 대답 없는
구슬픈 메아리를 ……

일찍 보낸 망자동생
부모님과 함께 있으려니
꿈속에서라도 보고 싶구려

목메어 불러본들
허공에 맴돌다
떨어진 아픔이여

지천에 핀 꽃송이
건넬 수 없는 이내마음
5월은 아프기만 하네

떠나가는 배

비둘기가 구슬프게 울던
오금공원의 벤치에도
아카시아 향기가 풍긴다

외로움 달래려
생각 없이 걸어온 길도
어느덧 초여름 문턱

허황된 꿈도
생각 없이 휩쓸고 간
초라한 삶의 허물

기쁨도 슬픔도
잠시 왔다 가는 것
후회는 때늦은 깨달음

숨길내야 숨길 수 없는
세월의 야속함도
그대는 알기나 할지

그리운 목소리

어둠이 내려앉으면
등불을 켜고
먼 길 기다려 본다

마음이 울적해지면
창가를 서성이다
조용히 바라보고

꿈이 아니길 기도하며
언젠가 그 언젠가
오리라는 마음으로……

비가 내리면
그리운 임의 목소리
왠지 올 것만 같아

떠나버린 빈 공간
정적만이 찾아들어
나는 슬픔에 잠긴다

마음 하나

길은 로마로 통하지만
사고와 행동은
우리네 마음으로 통하네

삶이 다 그러하듯
평탄한 길보다
우여곡절 겪는 것

혹자는 내려놓으라고 하지만
살아온 삶의 습관이
쉽게 내려놓을 수 없는 자존감

말은 상처를 주지만
칭찬과 배려로
바꿀 수 있다면

변화는 마음으로부터
새로운 삶의 터전 찾아
마음의 창 열어보시게

달빛 그늘에 앉아

휘황찬란한 눈 맞춤
달빛 속에 나를 보았네
어제의 달빛은 아니었네

모처럼 여유 속에
나는 어디서 왔다
어디로 가고 있는지

누군가는 지나갔고
누군가는 뒤떨어져
그렇게 가고 있었네

빠름도 늦음도
탓하지 않으며
함께 더 멀리 가려니

달빛 그늘에 앉아
지나온 삶을 돌아보고
내일의 꿈을 꾸네

텃밭일지

옹기종기 사이좋게
작지만 크게 키우려는
농부의 마음이라

햇볕에 너부러진 그날도
주인의 발자국 소리 들으며
영글어 간다

잡초의 건성도
생의 애착 느끼며
낮음도 높음도 없다만

거짓 없는 땅의 속성
때 묻지 않은 자연의 가르침
그 마음이 있기에 찾는다

오늘도 해넘이 바라보며
먼 발길 돌리지만
내일은 너의 삶 얘기하려니

윤회의 길

좋은 길과 나쁜 길
늘 새롭게 만나는
감동의 길

보이는 것과 느끼는 것
애써 감정을 숨기지만
살아온 삶의 이야기들

현재의 이 길도
나에겐 새로운 삶의 길
살아온 윤회의 흔적

사후 세계도
누군가 기억에 남을
이승의 삶의 역사

윤회의 길도
정답 없는 길이지만
현답 찾는 인생의 길

산사의 밤

법문소리 들으며
내속의 나를 찾아
마음을 들여다본다

가까이서 보면
보이지 않는 것도
멀리서 보면 보이는 것

옹이처럼 굳어버린
속세의 찌들은 마음에도
작은 그릇에 담아내어

법당 한구석
가부좌 틀고 앉아
엉킨 실타래 풀어본다

윤회의 업보도
빈자의 마음도
참회의 수행이려니

*불기 2562년 부처님 오신 날

수행자의 길

자연은 열려있다
길을 걷다
길 위에 만난 인연

닫힌 마음 풀고
빗장 열고나면
불국토의 세상

내려놓고 바라보니
속세의 세상도
참 살기 좋은 곳

부자도 가난도 없는
베푸는 마음
그곳이 천국

번뇌를 내려놓고
참수행의 삶 찾아
그 길로 걸어가려니

할머니의 기다림

노을이 찾아들면
잔주름이 그리움 되어
산 너울에 젖어들고

재 넘어 고갯마루
휘어진 세월만큼
떠나버린 자식들

손자녀석들이라도
자주 볼 수 있으려나
오늘도 마을 어귀 지키신다

돌둑언덕 그리움 걸어두고
이제나 저제나
손자사랑 지키신 할머니

환갑이 넘었어도
할머니의 지극한 사랑
그리움 되어 돌아오네

*기일 앞두고 할머니 사랑에 부쳐

꿈을 키워가세요

남자는
인정해주는 여자에게
사랑을 느끼지만

여자는
칭찬해주는 남자에게
마음을 바친다고 했던가

흙속의 진주라도
찾지 못하면 쓸모가 없듯
당신의 능력을 깨워야 하느니

마음껏 좋아하고
마음껏 그리워하세요
인생 뭐 별것 있나요

꿈속에 성을 쌓아도
깨고 나면 흔적 없으니
꿈을 키워가세요

난 너에게로

난 아직 꿈을 꾸네
언덕위에 하얀 집
너랑 나랑 나누고 싶어

소박한 꿈일지라도
난 너에게로
내 마음 전하고 싶네

오늘도 지는 노을에
소설 같은 사랑을 담아
바람에 날려 보내니

꿈속이면 어떠리
너에게 보낸 편지
바람타고 오고가려니

그대 그리고 나
우린 그렇게 그리워하며
한세대를 보내네

무인도의 밤

아무도 없다
홀로 남겨진 땅
나만의 세상 무인도

별과 달이 찾아와
고독에 목말라
무아지경에 빠져보고

밤이면 밤마다
빈 여백 채우며
누군가를 기다린다

눈을 감아도
쉬이 잠들지 못하고
고요가 잠을 깨우지만

배고픔도 욕심도
온몸으로 막아내며
생을 위해 몸부림친다

임의 향기(2)

사랑에 눈이 멀고
세월은 흘렀다만
그리운 그 사람

바보 같지만
때론 바보 같았으면
하는 때도 있다

지척에 두고도
잊혀진 시간 아쉽다만
마음속에 남은 그리움

어둠속 그림자
바람소리 들으며
임의 향기 밀려오면

세월 등지고
초야에 묻힌 내가
그 사람 미워하리오.

임들을 기억합니다

청명한 유월의 하늘아래
제63회 현충일 추념식이
방방곡곡에 울려 퍼지고

순국선열과 호국영령들이시여
육신은 떠났어도 정신만은
조국산하를 누비시니

당신들이 이룬 조국
그 초석위에 세운
한반도 땅의 역사

그 숭고한 희생정신위에
헌신이 헛되지 않도록
당신들을 기억합니다

누가 당신들을 잊으리오
사랑합니다, 고맙습니다
임들을 영원히 기억합니다

*제63회 현충일 추념식

삶의 언덕

유유자적(悠悠自適)
영원한 삶을 꿈꾸는
천상천하 유아독존의 삶

마음 하나에
세상의 빚을 갚고
해를 끼치듯

자연에 기대여 살며
깨달음을 얻지 못한다면
그것은 아집이고 욕심

누구를 기다린다는 것
그리워 한다는 것
그것은 우리네 삶

그리움도 삶의 일부분
누군가 보고 싶을 때
하늘을 쳐다보라

뿌리 찾아 삼만리

망망대해 파도를 넘어
태풍피해 피신한 곳
그곳이 가야일지

먼 이국땅 아유타국
사랑을 꿈꾼 허황옥
운명적 만남의 역사

나의 뿌리도 다문화가족
푸른 하늘 고요한나라
남녘하늘에 봄을 맞았다

하늘이시여
철기의 문화도 한순간
가락국은 사라지고

가야에 가면
그 흔적 찾을지
옛 이야기 그리워지네

그곳에 가면(1)

산새가 지저귀고
어릴 적 추억들이
굴뚝연기 속에 피어나는 곳

수양산 자락 버밑
유년의 꿈을 꾸며
재 너머 오가던 길

귀밑머리 검버섯에
남보란 듯 부둥켜안아도
그리움 어이하랴

배부름도 사치
코 흘리며 쉬어 갈 때면
개 짖는 소리 정겹고

산 그림자 드리우면
꽃피는 계절의 재잘거림도
별이 되어 쏟아지네

버밑 : 포항시남구 장기면 금오2리 옛 지명

그곳에 가면(2)

시려오는 가슴
옛 그림자에 묻혀
세월 넘나들고

굽이굽이 골짜기마다
옛 이야기 남겨놓고
떠나버린 흔적들

어이하랴
세월에 비켜갈 수 없는
우리네 인생이야기

십리길 멀다 하리오
지천에 자라난 잡초
풀등에 걸려 넘어져도

가슴에 묻어버린
나와 나의 이야기들
고향하늘에 띄워 보내리

장기 숲

우거진 숲속
추억의 숨바꼭질
너와나의 유년의 꿈

이팝 꽃 필 때면
허기진 배 움켜쥐고
지쳐가는 현내들

신작로길 따라
달리고 달려가도
길게 뻗은 장기천

몽돌의 구슬픈 소리도
흔적 지워버린
추억의 백사장

덮어버린 해무에
저 바다의 아침은
흔적 잃은 장기 숲

갈 곳을 잃어

바람에 밀리고
세월에 익어
가버린 날이 아쉽다

한곳에 머물지 못하고
밀려 나버린 청춘
그곳엔 없었다

먹구름 밀려들고
한잔 술에 속죄한들
돌아갈 수 없는 인생

메마른 가지에
바람이 나부껴도
갈 곳 없는 방황의 삶

잎새 이는 바람에도
언젠가 그 언젠가
그곳에 닿을지……

오지에 가면

낮인지 밤인지
휩싸인 숲속의 잡목들
손과 손을 잡은 그곳

생사의 갈림길에도
세월의 시간은 흐르고
변하지 않을 것 같은 곳

하늘과 땅 사이
바람과 빛을 받으며
그곳에 머문 시간들

흘러가는 구름처럼
재촉 없는 햇빛에
배려하는 너그러운 삶들

얽매인 시간의 끝자락
숨 가쁜 정상도
머물 수 없는 삶의 터

언어의 유희

푸른 가지 끝에도
어느덧 하지를 지나
물들어 가고

만족할 수 없다만
부끄러워하지 않으며
당당하게 맞서는 용기

만족이란 욕망도
어렵고 힘들 때 채워주는
아름다운 삶의 언어

사랑과 배려로
함께 할 수 있다면
늘 미소 띤 얼굴

한 방향은 아닐지라도
해맑고 소박한 얼굴엔
웃음꽃 피어나리라

하지의 땡볕

하지의 땡볕이
빨리 갔으면 좋으련만
아직도 해는 중천

땀방울이 장맛비 오듯
메마른 열기에
허기진 농부

지천에 나부끼던 가지에
열매는 자리 잡고
가을을 기다리지만

하지의 낮이 길다한들
동지의 기나긴
밤의 고뇌를 씻어 줄지

남녘 장마소식도
휘어진 농부의 허리
하루라도 펼 날 있으리오

목로주점에 뜬달

내 고향 칠월은
청포도가 익어가는
그리운 달

해질녘 바닷가
목로주점에 불 밝혀
술잔 속에 비친 달

태풍 지나가면
고요가 찾아오듯
호수에 잠긴 달 보렴

친구야! 저 달 속에
우리의 추억들이
알알이 영글어

목로주점에 불 꺼지면
추억 되새김질하며
낮달 보며 살자

깨달음의 길

지옥으로 가는 길에도
선의로 포장된 유혹들이
즐비하게 놓여있으니

한걸음 한 발짝
공짜는 없으니
청렴하게 살아가자

살다보면 마주하는
불행이야 말로
가장 훌륭한 스승이니

매사 욕망 버리고
나이를 잊고
청춘처럼 살아가자

욕망에서 벗어나
현실을 직시하면
당신의 가치는 빛날 것이니

그대 곁에(1)

삶에 지쳐있을 때
따뜻한 말 한마디
"친구가 되어줄게"

세상이 힘들더라도
당신이 있는 한
난 두렵지 않아요

한평생 해바라기처럼
그렇게 한곳을 바라보며
미련은 남겼지만

아픔이 있었기에
놓칠 수 없는 그 마음
당신 곁에 머물고 싶어

한쪽 날개 잃었어도
그래도 믿음이 있는 한
또 다른 날개를 달래요

그대 곁에(2)

남은 생은 욕심 버리고
오직 정 하나로
마음을 치유하며

걸어온 삶의 흔적 지우고
새롭게 살아가려는
용기와 배려 아닐지

백세인생 절반 지나
새로운 희망을 가지고
당신 곁에 머물며

당신의 그림자처럼
더 가까이서
따뜻한 눈망울 바라보며

소박한 꿈이지만
밤새워 꿈을 꿀래요
내일의 태양이 있는 한……

욕망의 그늘

빈손으로 왔다
한가득 채우면서도
마음은 궁핍했는지

비워야 하지만
빈 그릇 하나 없는
각박한 현실

오물가득 채우고
썩은 냄새 풍겨도
채워야하는 욕망들

이름 석 자 남기려
암각화 새기듯
얼굴에 철판 깔았다

욕망의 그늘도
인간이 만든 욕심
세상은 참 요지경

대숲의 소리

사각 사각
대숲에 이는 바람
그 소리 그 의미

자유로운 영혼에도
시공간의 여백에
한 시대 문인의 정신

문인의 길도
참된 삶의 길도
이상향의 참모습이려니

격동의 시대 넘어
바른길 찾아가려는
선구자의 인권회복

가는 길이 힘들어
뿌리치고 가련만
민초의 곧은 심성이로세

천년 바위

설렘도 애틋함도
세월에 밀려
굳어버린 벙어리 냉가슴

비바람이 불어도
검버섯에 볼품없다만
늘 지켜봐주는 할매바위

백년도 살지 못하면서
천년을 살 것처럼
호령했던 자존심하나

마당바위에 앉아
별빛에 숨어들어
그림자 바라볼 때면

간사한 인간마음도
천년바위에 비할까
숙연해지는 마음뿐이다

매미의 가르침

덥다 더워
장마 지나간 자리
인간쓰레기의 현장

더위에 지쳐
배려 없는 삶의 가치
혼탁한 세상

땅속 이무기생활도
동안거, 하안거 지나
세상에 나왔다

울어야 할지
웃어야 할지
매미는 말하네.

삶이 힘들어도
하루살이가 아니니
먼 길 보고 가라고

갈등의 끝

칡과 등나무
살기위한 몸부림
그 끝은 어딘지

쉼 없이 오르고 올라
바람의 향수 느끼면
더 갈 수 없는 곳

대답 없는 화두에
잃어버린 시간 쫓아
존재의 의미 부여해도

민낯에 속살 드러내고
땡볕에 몰골 드러낸
휘감은 삶의 갈등

아, 세상아
자존심에 칼날 세운
그날이 하직인사 하는 날

텃밭에서

잿빛구름 몰려와
대지를 적시더니
흙냄새가 진동한다

맑은 날의 실버들
고독 속에 자리하고
열매로 익어가도

그리움 한가득 담고
향기실어 보낸 날들
쓸쓸함을 노래할지

계절에 견디지 못하고
너부러진 밭둑
단비라도 뿌려줄지

설렘 안고 찾아왔다만
가슴앓이하다 떠나니
모기떼만 반겨주네

그리움(1)

첩첩산중의 오솔길
나른한 발길에도
고운님 발길 닿을라.

흙냄새도 고와라
꽃피고 새 울던
고향산천 변함없으리.

조각난 달빛에도
별들이 사이좋게
은하수 되어 떨어지고

치마폭에 숨바꼭질도
대청마루의 추억도
그리움에 잠든 밤

길섶에 걸려 넘어져도
그날의 추억이 있는 한
그 향수 잊지 않으리

인연의 흔적

골 깊은 골짜기
거슬러 오를 수 없어
물은 아래로 흐르고

꽃이 핀다고 봄이 아니듯
비오는 날의 수채화도
무형의 창조물이려니

너와나의 만남도
누군가 점지해준 인연
싫다고 멀리 하리오

인연위에 핀 꽃들
얼룩진 삶의 흔적
누가 책임지리오. 만

오늘이 가고나면
내일은 무슨 일 있어도
다시는 울지 않으려니

열대야의 밤(1)

한잔 술에 초승달 삼켜도
열기는 식을 줄 모르고
대지는 열기를 더해가고

달아오른 열기
아지랑이가 현기증 되어
동공마저 잃었다

초복의 문턱부터
중복, 말복은
어쩌란 말이요

애꿎은 울음소리만
천지를 진동하니
하루하루가 지옥이려니

내일의 기다림도
우울한 날의 수묵화
애타는 열대야의 밤

열대야의 밤(2)

아지랑이 너울에
흙먼지 뒤집어쓰고
메말라가던 열대야

너를 맞을 수 없다면
가을비를 기다린다
지난여름은 혹독했다고

흐르는 이마에도
세월의 무게만큼
깊게 파인 골

겸손해지고 싶었지만
바람 한 점 없는
가마솥의 열기

눈물이 말라 갈 때도
너마저 외면하는
열대야의 밤이여!

한편의 시

자존심 지키며
골방을 서성인들
무엇을 얻으리오

평범함은 글이 아니니
초복의 가마솥더위가
깨달음 주고 가려나

바람인들 이유 없이
오고 가련만
내다볼 수 없는 옹고집

한줄기 빗방울처럼
뿌려놓은 시 밭에
더위 씻어 줄지

한 점 눈물 없이
너를 받아드리니
숙성된 매실 청 될지

대답 없는 메아리

인간의 존재
나는 어디서 와서
어디로 가려하는지

호적은 없어졌다만
나의 뿌리는 있고
가르침은 있었다

인생도 바람처럼
소리 없이 왔다가
흔적 없이 사라지려는지

세상은 내 것이 없거늘
인간으로 태어나
무엇을 가지고 버려야 할지

대답 없는 하늘아래
화두를 던져보지만
빈 메아리만 숨바꼭질하네

가야의 땅

고요한 바다는 품은
한반도의 남쪽
대가야의 땅

각자의 이야기가 담긴
704구의 봉분
지산동의 흔적들

나의 뿌리 찾아
1500여 년 전 과거로
바람 따라 시간여행

언젠가 가야할 그곳
육신은 사라져도
정신은 흔적으로 남아

고령 지산동 고분도
가야금 산조 따라
역사의 숨결 느껴보네

삶의 저편에

살아가는 동안
산전수전 겪지만
그래도 마지막 남은 내편

진정한 믿음하나에
순간의 선택도
비수되어 돌아오지만

먼 거리에서 바라보면
그래도 잊지 않고 찾아주고
대화를 나눌 수 있다면

가장 가까이에서
걸림돌이 될지
운명의 기로에 서보면

소박하지만 꿈을 꾸고
함께 나눌 수 있다면
그것으로 만족할지요

나의 바램

"자유로운 영혼"
꿈꿔온 나의 바램
남은생의 마지막 몸부림

한때 바보가 되고 싶었고
목적 없이 떠나고 싶은
그런 시기도 있었다

날개는 없다만
바람처럼 그곳이 어디든
자유롭게 날고 싶고

마지막 종착역까지
누구의 소유가 아닌
자연의 일부분으로 남아

자유로운 영혼으로
나의 바람으로 살다
조용히 떠나고 싶다

나의 동행인

꿈이 있었기에
문학의 길로 입문했다만
쉽지만은 않는 길

돌아 갈수도
계속 갈수도 없는
외로운 인생여정

고통 속에 핀 꽃이
더 예쁘고 아름답다고
입버릇처럼 말했건만

세상살이가 그러하듯
삶은 언제나 힘든 것
참고 견디며 인내하자

홀로 남았다고 생각할 때
언제나 내 옆에
그림자가 동행하고 있었네!

새날의 꿈

누리에 새날 열면
시 밭에 씨를 뿌리고
밝은 날을 꿈꾼다

새롭게 맞이하는 날
어제가 오늘이 아니듯
세월은 변해가고

내일위해 거름을 주고
잡초 아닌 잡초 밭에
김을 매고 가꾸어

하나가 둘이 되고
둘은 내일의 꿈을 키워
열매를 맺어야 한다

한해의 수고로움도
결실 앞에 숙연해지듯
새날의 꿈을 먹고 살리라

그리운 언덕

노을이 찾아들면
살아온 날들 그립고
가버린 세월이 아쉽다

고향 언덕위에 걸어둔
지난날의 꿈들
그림자 속에 젖어들면

잊혀진 날들
돌아갈 수 없는 그리움
너는 이 마음 알까

빛과 어둠속에
켜켜이 쌓아올린
추억 넘어 그리움들

언덕위에 새긴 추억
잊지 못하고 숨겨온
너와나의 이야기들……

세월에 시간을 묻다

가마솥더위
111년만의 기상이변
입추 지나니 떨어진다

그해 여름은 더웠고
들풀마저 고개 숙인
하늘이 약속했다

그늘이 뭔지도 모르고
가쁜 숨 몰아쉬며
약속한 생을 탓하리오

그러려니 하며살자
아픔도 한순간이듯
더위도 곧 밀려날 것이기에

오늘도 구슬땀 흘리며
속세에 찌들어가는 삶
세월에 시간을 묻는다

풀꽃의 삶

바람 한 점 없는 삼복더위
널브러진 텃밭에도
풀꽃은 울지 않는다

주인 발자국소리마저
잊혀진 땡볕
숨죽이고 기다릴 뿐

쓸모없다 지만
짓밟히고 뽑혀나가도
타들어가는 사막의 열기

나 보란 듯
어미의 유전자가 그랬듯이
풀꽃은 울지 않는다

가을이 왔다

약속의 봄도
가마솥더위 이기고
가을이 왔다

변한 것은 무엇이고
해야 할 것은 무엇인가
남북정상의 고뇌

비핵화의 시간표
변화는 있는 것인지
부정적 시각이 난무하다

가을이 왔는데
믿을 수 없는 남과 북
무엇이 문제인가

동토의 땅에도
가을이 왔다 가기를
나의 바람이 맞기를……

*판문점 선언의 실천을 바라보며

인생도 순간

가시라
갈려 거든 말없이
조용히 가시라

후회도 하지 마시라
선택한 길에
고난이야 없겠냐. 만

참고 견디면
힘겨움도 지나가려니
삶은 언제나 외로운 것

푸시킨의 삶이 그렇고
괴테의 사랑이 그렇고
라이너마리아 릴케의
인생이 그렇다

만족이란 어설픈 이유로
떠나지 마시라
인생은 짧은 순간이려니

삶의 그늘

아픔 없는 삶 있으랴
산다는 것은
행복일까 고통일까

어떻게 살아야
잘사는 것인지
정답은 없다

마음하나에 울고 웃는
우리네 인생
하늘을 원망하리오

태양이 비추어도
양지쪽만 있으리
음지도 있는 법

그늘진 삶 일지라도
내일의 희망을 꿈꾸고
웃으면서 살아가자

가버린 청춘

가버린 날들
잔주름이 여울지면
이제야 알 것 같네

청춘이고 싶다만
흘러가버린 세월에
그리움만 쌓여간다

이래도 한세상
저래도 한세상인걸
천년을 살 것처럼 했는지

흘러가는 구름아
너마저 가버리면
이내몸은 어디에 기댈지

가는 길이 험하다고
그리운 날의 추억들
어찌 잊으란 말이요

인생은 여행

인생 뭐 별것 있나요
구름이 걷히고
밝은 햇살이 온 누리 비추듯

산다는 것은
희망도 공포 속에 싹틀 때
가장 밝고 아름다운 것

한번 온 인생
실버들이 슬피 울 때면
꽃피고 새가 울 듯이

어느 날 갑자기
말 한마디 없이 떠난다면
너무나 허무하지 않을지

인생도 여행
한번 왔다 가는 인생
즐겁게 살다 가려니

등대의 아침

어둠의 길잡이가 되어
광명의 꿈을 꾸고
먼 대해를 바라보라

굳어버린 바위틈에
칠흑 같은 어둠을 뚫고
먼 길 떠나는 희망의 빛

육지와 바다의 갈림길
삶의 터전 찾아 헤매는
기나긴 삶의 여정

삼라만상이 잠든 밤
눈먼 자의 등불 되어
세상을 밝혀주는 등대

어둠이 찾아들어야
빛을 발하는 너는
등대의 아침이로다

제3부

가을로 가는 길

2018. 10월 재경장기산악회 합동산행
(전북 무주군 무주구천동)

가을로 가는 길(1)

먼 길 돌고 돌아
뙤약볕에 허기진
장기숲 현내들

갈 곳 잃은 바람도
그늘 밑에 숨죽이고
송알송알 구슬땀 흐른다

밤이면 찾아드는
모기떼마저
마른열기에 내몰리고

또르르, 또르르
풀숲의 일렁임들
그님이 오신 걸까

발자국 소리 감추고
지난 추억 생각하며
가냘픈 소리 엿 듣는다

가을로 가는 길(2)

무지갯빛 꿈을 꾸며
벌레 먹은 잎들이
떨어져 내리고

고목에 울던 매미도
마음이 머문 그곳에
꿈들이 영글어

내일이면 물들어갈
가을 들길의 고추잠자리
귀뚜라미가 울밑을 찾았고

111년의 찜통더위에도
살아 남은자의 꿈이
가을을 맞았다

가을로 가는 길
물봉선화 피어나면
그 꽃길 찾아 가려니

마음 하나에

그대 곁에 머물며
살아온 날들
이제 갈바람 불어온다

어제가 오늘같이
미소 띤 해맑은 얼굴에
꿈들이 무르익어

가을로 가는 길에
아픔도 함께해준 당신
이젠 당신위해 살리라

남은 생
무슨 욕심 있으랴
맞춰가며 사는 거지

곱게 물들어 가는 길
미소 머금은 애교에
놓아 버리면 되는 것을……

그 섬에 가면

바다와 하늘
그곳엔 경계는 없다
내가 나눌 뿐

갯바위는 생의 수단
삶도 나눌 수 없는
너와 나의 벽

틈은 나의 허물
너와나의 연결고리
그 속에 삶을 묻었다

틈은 경계 아닌 나눔
바위틈에 붙어 살며
바위와 함께 생존하며

바다는 삶의 터전
뭇 생명들 불러와
함께 나누며 살아가네

권력도 초시계

권력도 초시계
권력에 맞서지 마라
기생하는 세력이 문제

벌레 먹은 잎 먼저 떨어지듯
나이 먹고 병들어
가는 곳은 매한가지

땀 흘린 노력의 대가가
정당하게 받을 수 있게
펼쳐가는 것이 정치

극우도 극좌도 문제
보수, 진보도 종이 한 장 차이
국민 눈높이가 최선책

국가 이익을 대변하고
멀리보고 가자
여론 아닌 비전제시를……

텃밭의 고추

발자국소리 멀어지고
가뭄에 시달리다
타들어가는 텃밭고추

꽃대마다 하얀 꽃
뙤약볕에 허기진 삶
피지 못해 눈시울 따갑다

텃밭이라고 하지만
넓은 만큼 개을러지는
가을 햇살이 붉다

붉게 타는 저녁놀
소중했던 시간만큼
익어가는 마음 알까

도심 속 창문 넘어
선홍색 빛깔 한가득
맵고 매운 놀부 심보

산에 가면

산에 가면
나무가 있고 바위가 있다
그 속에 숨은 동식물들

한곳에 자리 잡고
시기하거나 질투하지 않으며
함께 공생공존 한다

누구는 짧은 생을
누군 동물의 먹이가 되어
흙으로 돌아간다

불평불만 없는 세상
너는 무엇을 보고
무엇을 느꼈는지

삶은 언제나
자연의 순리 속에 살다
자연으로 돌아가는 것을

가을 문턱에 서니

아지랑이 너머로
억새대궁 휘어지면
황혼마저 물들어

몸져누운 육신
"여자의 일생" 이러랴
햇빛지우고 일어 쓴다

땡볕에 지친 몸
조석으로 찾아준 기력
설운 마음 익어가고

귀뚜라미 노랫가락
가을을 노래하고
내일위해 꿈을 꾼다

바위틈에 용케도 살아남은
양지꽃이 손 내밀고
한눈 팔지 말라하네!

무풍지대

바람 한 점
반찬 한입
헐떡이는 나른한 오후

청양고추 한입 깨물고
하늘을 봐도
땡볕은 시들지 않는다

등골에 흐르는
농심의 마음 이러랴
한숨뿐인 하늘

올라오던 야기는 어디가고
입맛은 없는데
찜통에 무얼 찌려는지

무풍지대의 열기
지구촌 곳곳이
열병에 앓고 있네.

*야기 : 2018 제14호 태풍이름

참수행의 길

바람이 불어오면
마음속 일렁임이
나를 깨워 일으켜 세운다

알몸으로 부딪쳐 보지만
무아지경의 삶도
그 속에 숨 쉬는 아픔

놓아버릴 수 없는
비워버린 마음에도
자라나는 그리움들

밀려오는 파도에
씻기고 닳아져도
벗어나지 못하는 고뇌

몽돌의 수행자처럼
세월을 갈고 닦아
참수행의 길로 가려니

당산나무 아래서

오랜 세월 바다였을지
땅을 경계로 골골
촌락이룬 버밑마을

금오지와 함께했을
마을의 수호신 당산나무
신당처럼 안녕을 빌었다

멱을 감던 그림자
추억위에 그리움 쌓여
멀어져간 추억의 시간들

별빛 떨어진 호수
눈물이 강물 되어도
인연 이어갈 수 있을지

새 희망의 씨앗
내일을 꿈꾸게 할 수 있을지
미련만은 남기지 말아주오

*버밑 : 포항남구 장기면 금오2리 옛지명

주문을 잊은 음식점

바람이 불어와도
아무생각 없는
너와나의 이야기

왜 왔는지
한참을 생각해도
기억에 없는 백지장

바람처럼 왔다가
회오리처럼 사라지는
너는 누구란 말인가

존재조차 알지 못하고
우주속의 미아가 된 채
동병상련同病相憐의 눈물

오늘 하루도
주문을 잊은 음식점엔
눈물 흘리는 길손들

*KBS 스페셜 주문을 잊은 음식점을 보며

물레방아는 도는데

곧게 세운 허리에
등짐을 진들
무겁다 하리오. 만

세월의 무게에 눌려
헐거워진 바퀴
삐거덕 삐거덕 제자리걸음

한평생 돌고 돌아
제자리를 맴도는 기억
언제한번 허리 펼지

물길 받아 넘치면
한 바퀴 추억 삼키고
살아온 허물 내뱉고

휘어진 허리 펴도
헐거워진 몸
물레방아는 돌고 있는데

유년의 그리움(1)

자네는 아는가?
그때 그 시절
우리들의 추억을……

눈을 감으면 떠오르는
유년의 추억 그리워
너털웃음 짓고 있네

친구야!
책보자기 질끈 동여매고
샛골짜기 넘어
먼지 날리며 걷던 시절

십리 길 멀기도 했지
운동화도 사치였나
타이어표 검정고무신

지금도 그 시절 생각나
눈시울 붉히지만
돌아갈 수 없는 유년을……

*샛골 : 버밑에서 마현리로 넘어가는 산길
*버밑 : 포항남구 장기면 금오2리 옛지명

유년의 그리움(2)

눈을 감는다
흑백의 스크린에
회한의 눈물도

보릿대 묶어 배 만들어
물장구치며 놀던
유년의 추억 소야곡

마름이 익어 가면
동네어귀에 모여
간식으로 먹곤 했지

가뭄에 금오지가 말라
고기잡이하며 놀던 아이
대형 수묵화 한 폭

지금은 떠나버린 수 희 옥
정겨운 동무 이름들
어디서 무얼 하고 있을지……

자연의 섭리

자연은 순리다
누군가 할 수 없는
위대한 자연의 진리

매스컴 오르내리던 시간도
말복지난 새벽은
완연한 가을 날씨

갈증에 타들어간 잎새
너의 운명도 머진 않아
붉은 선홍색 갈아입겠지

삼복을 마음조리며
큰 눈망울 굴리며
살아남은 자의 희망

갈바람에 길을 잃은
허기진 육신의 언어도
자존심 남겨놓았네

가을을 기다리며

잠 못 이룬 밤
타들어가는 땡볕에도
가을을 노래했다

태풍마저 빗나간 자리
열대야의 밤은
5일장 장터국밥

가을의 기다림도
더위에 지친육신도
훌딱 벗어버린 육체

자유로운 영혼도
멍석위에 널린 고추만큼
애타게 기다려지는 밤

아마도 올가을 산야는
애태운 마음까지
붉게 타들어 가겠지

가을이 오면

청명한 가을하늘
더위에 지친마음도
갈바람에 씻어줄지

허기진 허리둘레
휘어져 내리고
갈잎소리에 아픔 삭혀도

삭신 쑤시다 말
봄날의 꿈들 머금고
가을을 맞았다

그늘 밑의 땀 냄새도
바람의 열기피해
마주앉은 지난이야기

가을이 오면
서걱되는 소리 듣기 싫어
먼 길 떠나가려하네

삶의 여정

가을이 왔다
나 하나에 이름 붙여
날려 보낸 시간

가지마다 타들어
붉은 선홍색으로
꿈들이 익어가겠지

시련은 강한가지 만들어
내일위한 준비의 시간도
자연의 섭리에 고개 숙인다

삶은 언제나
굴곡 속에 사는 것
삶의 의지가 담겨있다

어김없이 찾아온 계절
살아 남은자의 꿈
진화는 살기위한 삶의 여정

기다림의 여정

격동기의 한반도
그 속에 말 못할 사연
숨은 그림자 이야기

생사도 모르는 채
살아온 47년의 세월
바램은 오직 하나

죽기 전에 보고 싶은 혈육
통일은 아니더라도
고향땅에 가고 싶은 마음

흐릿한 기억 더듬어
혹여 놓아 버릴까
되새김질 했던 시간들

백수에 가까워도
기회는 주어질지
기다림과 만남 끝이 아니길

*2018. 8 이산가족 상봉

회개 하리라

자신을 아는 사람
몇이나 있겠소.
나 자신도 모르는데

한사람의 영달위해
희생해야 하는 사람은
그 수를 헤아릴 수 없으니

집착에서 벗어나
탐욕을 버리면
욕망에서 회개하려니

진실과 허물 뉘우치고
참회의 길로 선회한다면
새롭게 태어날 수 있는 것

참수행자는
자신은 낮추는 것이
높여가는 지름길인 것을

고향 생각

길이 없더냐
돈이 없더냐
무엇이 가로 막더냐

꿈속이면 오가건만
눈물고개 넘고 넘어
그리움만 쌓여간다

같은 땅
같은 하늘아래
누가 이 마음 알까

땅을 치며
원통해 불러본들
그리움은 지울 수 없다

전해주오
자존심하나 남아
울부짖고 있다고

그리움(2)

눈을 감아도
눈을 떠도
떠오르는 허물

그 시절
그 추억들
그리움 어찌 잊으리오

그리움에 목말라
고독에 울부짖을 때도
잊을 수 없는 향수

땅거미 내려앉으면
누가 달래 주리오
쌓여만 가는 그리움

자나 깨나
그림자처럼 동행하며
언제까지나 함께하려는지

종교도 마음

형체도 없는 너는
본적도, 만질 수도
영원히 볼 수 없다

옹기종기 군락 이루며
그렇게 삶을 영위하다
함께 모여 살아간다

씨앗하나에도 악업을 행하면
고통 속에서 헤어나지 못하는
인간 삶의 굴레들

마음도 창과 같아
바람처럼 머물지 않으니
육체에 마음이 깃들여야 한다

길 위에 만난 인연들
소중히 간직하고 베풀면
종교도 마음인 것을……

굴곡진 삶

삶을 위해 꿈을 꾸지만
한쪽날개 잃어
날아 갈수가 없으니

청운의 꿈도
살아온 생의 고뇌도
그 속에 핀 들국화처럼

한때의 꿈이
가을을 맞아 익지 못하고
묵언 수행중이니

벌레 먹은 갈잎도
단풍 들기 전에 떨어져
안식처 찾아 가듯이

살아온 삶의 열정도
굴곡진 삶 마무리하고
조용히 떠나가려니

가을비

더위에 찌든 가슴
가랑비가 속옷 적시듯
가을비가 내린다

요란스럽던 매미소리도
7년의 생을 마감하려는지
조용한 하루

타들어간 텃밭생각하면
고맙고 감사한 비
미안한 마음마저 든다

한해의 갈무리
살아온 삶의 흔적들
왠지 쓸쓸함 안겨주지만

잊혀진 그리움들
가을비 우산 속에
살아온 허물 남겨놓았네

민초의 마음

하루 한 달 릴레이 하듯
세월도 계절 앞세워
시냇물처럼 흘러간다

무심의 마음에도
자유로운 영혼으로
바람처럼 살고 싶다

자연스럽게 흐르지 못하고
삐거덕 삐거덕 헛바퀴는
열병으로 돌아온다

궁핍과 고난 속에
살아온 삶의 그림자도
굳어진 왜곡된 사고의식

어떻게 볼 것인가
민초의 마음까지
흔들어 놓았네 그려

나이 들수록

나이가 들어가면
외롭다 하지 말게
주변에는 친구들이 있으니

눈이 침침하다고
짜증도 내지도 말게
볼 것 다보고 뭐 하려나

잘 들리지 않는다고
불평 하지 말고
참견 하지도 말게

황혼을 맞을수록
지갑을 먼저 열면
좋은 친구도 많아지느니

노을이 찾아들면
막걸리 한 사발 하면서
오순도순 즐겁게 살아가세

인생 고개

이보시게 친구!
무얼 그리 많은 짐을
지고 가는가?

어차피 홀로 왔다
이름 석 자 남기고
가는 것 아니겠는가

굽이굽이 맺은 인연
끊을 내야 끊을 수 없는
인생 고개 업보들

땅도 보지 말고
굽은 허리 펴고
멀리보고 가시게

어차피 빈손으로 왔다
빈손으로 가는 인생
무슨 욕심 있으리오

가을날의 꿈

배낭에 물 한 병 담고
가을이 오늘 길목
남한산성 일장천

갈바람에 나부끼는
지난날의 잊힌 그리움이
나를 일으켜 깨운다

무르익은 유년의 꿈
태풍은 지나갔으나
홍수경보가 발령됐지만

마냥 청춘인줄 착각 속에
세월 가는 줄 모르고
마음은 늘 청산유수

멈춤은 죽음이란 걸 아는지
흰 구름도, 세월도
개울물 되어 흘러가네

할머니의 사랑

갈바람 불어오면
철새처럼 떠나는
방랑시인의 발걸음

그리움이 찾아들어
팔당댐의 둘레길 에도
다소곳이 고개 내민 할머니

언제 부턴가 새하얗게
긴 대궁 휘날리며
손자 마중 나왔다

남한강의 바람도
북한강의 물결도
한곳에 모여 밤을 새는 곳

할머니의 사랑이
먼 길 돌고 돌아
두물머리에서 반기네

가을 별밤

유년의 편지 보낼 땐
찬란한 빛의 축제장
밤새는 줄 몰랐지

별이 빛나는 밤
길 잃은 나그네
어깨마저 짓누른다

세월은 여명과 함께
석양빛에 젖어들면
왠지 쓸쓸함이 몰려와

누군가 찾지 않아도
홀연히 떠난 별밤의 연서
은하수는 떨어지는데

이 밤 지나면
새날의 희망 찾을지
가을 별밤의 추억들

가을날에는

잠 못 드는 이 밤
또르르– 또르르–
귀뚜라미가 말을 건네고

먼 길 떠나는 날
울고 넘는 박달재에도
칡꽃은 피었는데

가을이 오면
다시 잡은 빈손에
사랑하리라 다짐해본다

나는 아직 배고프다
한 줄의 시어를
시밭에서 느낄 수 있을지

보리밥에 된장찌개
팔베개하고 누우면
지난 시절이 그립다

묵언의 수행

흘러가는 저 강물도
내일은 어디로 흘러갈까

스쳐지나간 바람도
어디서 와서 어디로 갈지

인연의 강물도, 바람도
거슬러 오르지 않으니

밟고 지나간 이 길도
누군가는 걸어간 길

지나온 흔적들도
씻기고 덧칠해 간다

누가 누구에게 얘기 하리오
눈을 감고 마음을 열어

감사와 배려 속에
묵언의 수행도 삶의 여정

걸어온 길 돌아보니

습관에 익숙해
일상의 일로 치부해버린
무감각한 현실

일상을 떠나 걸어보라
변해가는 세월에도
자연은 숨을 쉬고 있다

큰 나무와 작은 나무
음지와 양지식물들
그 속에 함께 살아온 이웃

누군가 필요한 존재
계절 오가며 아픔도
함께했기에 가능했다

가야할 길은 새롭고
걸어온 길 돌아보니
어느새 멀어져있네

그리운 것은

당신은 별나라에 계십니다
가고 싶어도 갈 수 없는
먼 이국땅

바람마저 길을 잃었나
눈 감으면 새가되어
저 멀리 날아가고 싶다

오가는 계절에
아쉬움만 남기지만
이승에 비할까

여름 남기고 떠난 사람
아직도 겨울은
저 멀리 있는데

풀벌레 울음소리 들으며
갈바람 불어오는 이 밤
당신이 그리워집니다

알량한 자존심

삶이 나를 속일지라도
한 점 부끄럼 없이
남은 생 즐기며 살자

누가 나에게 묻는다면
자기의 색깔은 가지고
인생을 즐기라고 말한다

정답 없는 삶속에
걸림돌 될 수 있으니
자존심은 버려라

배추는 다섯 번을 죽어야
곰삭은 김치 맛을 내듯
나를 죽여야 공생하는 것

오늘하루가 즐거웠다면
내일은 더 희망이 샘솟는
하루가 될 것이기에……

업보의 굴레

비바람 불고
계절이 오가도
순리는 거스를 수 없다

하물며 인간도
뿌린 씨앗대로 거두는 법
욕심내면 뭐 하는가

속세의 찌든 때
무얼 무겁게 지고 가려는지
이것이 나의 업보이려니

밑 빠진 독에
물을 붓는 다고
채울 수 있으리오

세상을 탓하기 전에
봇짐부터 내려놓으면
깃털처럼 가벼운 것을

방랑의 세월

인생도 한낱 촌음
어디서 어떻게 살아갈지는
마음하나에 의지 하지만

걷는 그날까지
바람처럼 떠돌다가
세상의 묵은 때 씻어 내리다

내 뱉은 말
주워 담을 수 없지만
세월에 구걸하지는 않으리

켜켜이 쌓인 흔적
남은 생의 마지막 선물
그날위해 가리다

하늘을 지붕 삼고
땅을 온돌방삼아
오늘도 잠시 쉬었다 가려니

부모님 영전에

서산에 해 기울 면
날이 가고 세월 가지만
그리움 잊힐 날 언제인고?

모진풍파 막아내며
일구어내신 보금자리
이제는 비워진 빈 둥지

자식 철 들어 찾아도
대답 없는 빈 메아리
남은 것은 봉분 한 쌍

말로다 할 수 없는
뼈아픈 흔적만 남겨놓고
그리도 일찍 가셨나

세월아 내월아
한평생 가슴에 묻고
초야에 묻혀 살아가려니

고향 집

눈부신 맑은 하늘
방랑객의 마음에도
변함없는 고향

추억의 흔적위에
먼지 쌓인 툇마루
반백년을 거슬러 오른다

꿈속에서 보았던
가파른 생의 굽이
볼수록 손때 묻은 고리

채우지 못한 생
시리도록 아픈 가슴
누구에게 말하리

당신께서 남기신
삶의 이정표가
그 길로 밟고 있네요

고향 앞바다

할배, 할매바위 지나
날무치 바라보면
동해의 장엄한 일출

추억하나, 하나에
부서지고 쓸려가도
먼 날의 기억들

하늘과 바다사이
스스로 다스리지 못하고
밀려드는 삶의 애환

밤새워 염불한들
무심의 마음 이려할지
부서지는 포말의 갈등

세월에 부딪치고 씻겨도
묵언의 수행은
그칠 날 없는 고향 앞바다

*날무치 : 육당 최남선의 조선십경중 하나 장기 일출지

갈바람 불어와

가을이 오는 길목
푸른 하늘 흰 뭉게구름
꽃잎 진자리마다 탐스런 식구들

푸르던 억새 잎마저
흰 너울 덮어쓰고
가을을 배웅 한다

바라보면 볼수록
가슴 설레게 하는
젊은 날의 추억들

인생나이 가을 맞으니
저무는 해 바라보며
마지막 정열 불태우고 싶다

언젠가 가야할 길
후회 없이 즐기며
웃음으로 맞이하리라

가을이 오는 길목

함께 바라볼 수 있다면
하늘이 내게 준
최고의 선물 아니겠소

사는 게 뭐 별것 있겠소
오순도순 그렇게 살다
부름 받으면 홀로 가는 것

애간장 태운 시간들도
미련도 후회도
다 삶의 부스러기

마음이 외로울 때면
술 한 잔에 그리움 담아
마시면 되는 것을

가을이 오늘 길목
당신과 함께 할 수 있다면
올 가을은 풍요로운 삶

배롱나무 꽃

서산에 노을이지면
속세의 짐 내려놓은
홀로 남겨진 삶

눈을 감아도 떠오르는
그 먼 날의 그리움
멀어져간 시간들

이름 없는 무덤가
홀로피어 지켜주는
백일간의 애틋한 사랑

거친 세상에 태어나
겉과 속이 같은
너는 선비의 나무

얼룩진 매끈한 피부
휘어진 허리에 붉게 핀
너는 배롱나무 꽃

가을이 왔다

"봄이 온다."고 했지
가을이 와서 열매 맺으려
남북이 평양에서 만났다

한라에서 백두까지
평화와 번영으로 가는 길
시계는 더 빨라지고

망배단의 떠도는 영혼도
녹슨 철마는 달리고 싶어
과녁을 겨냥했다

미래위해 종전 넘어
평화위한 한걸음
비핵화로 가는 길

전쟁 없는 한반도
겨레위한 무거운 발걸음
평양 공동선언의 꿈

*남북정상회담 2018. 9. 18 – 20

반월半月

거친 세상
마음은 만월위해
소망 탑을 쌓아본다

아직 설익은 마음
내일의 삶을 위해
꿈을 키워 가건만

남산 위 달은 밝은데
이내 마음의 반쪽 달은
어이해 기울지 못하는지

달도 차면 기울 듯
마음이 전해지면 닿으리
그날이 오면

지성이면 감천이라
보름달처럼 박이 영글어
한가위 만월 맞이하리라

인생 길

세월은 별을 헤며가고
인생도 바람에 밀려
약속 없이 흘러간다

아흔아홉 구비 돌아
지친 자 갈수 없는
바퀴 없는 인생고개

질서 지키며 왔다만
갈 때는 순서도 없는
무질서한 공동체의 운명

누구의 기다림도 없는
선장 없는 망망대해
파도에 밀려가는 배

포기하고 싶지만
친구가 있고 이웃이 있어
인생길도 여기까지 왔네

시대적 착오

살아있음에 감사하자
누군 삶도 고통이라 하지만
다 마음먹기 나름이다

1960년대 내 나이는
마을의 원로이거나
저세상 가있겠지 만

2000년대 바라보니
지금이 평균나이 인듯
아직은 청춘인 걸 어찌하리

2018년의 자화상도
백세인생을 노래하니
아직도 절반조금 지난나이

지나온 날은 청춘
갈 날은 황혼의 여정
인생도 시대적 착오였네

귀향歸鄕

먼지 쌓인 빈 둥지
켜켜이 그리움만 쌓인
두고 온 고향

비가 오나 눈이오나
꿈속인들 잊히리
그날의 그 흔적들

고향산천은 그대로 인데
떠난 것은 무엇이고
남은 것은 빈 둥지 뿐

고장 난 벽시계도
흑백사진 속 주인공도
세월을 잊었다

이 밤 그리움 찾아
단숨에 뛰어가고 싶은
내 고향의 향수

고향의 밤하늘

길섶 풀한 포기에도
우리들의 추억이 담긴
고향의 산과 들

매캐한 굴뚝연기
칠흑 같은 어둠에도
개 짖는 소리 정겹다

이 골목 저 골목
거미줄처럼 연결된
우리네 고향마을

초가지붕에 둥근달처럼
박이 영글어 가는
정들은 우리네 고향집

호롱불 하나에도
할머니의 옛이야기 듣다
잠이든 고향의 밤하늘

홍시가 열리면

나에게 뿌리가 있다면
감나무의 시조는 고욤나무
너는 몇 대손 일지

한집 건너 한집
그렇게 마을을 넘어
국민의 간식 홍시

집 앞 담벼락
한두 그루의 감나무에
홍시가 달리면

어머니의 마음 닮아
자식위한 기다림에
마음이 익어가듯

홍시가 물들어 가면
볼 때마다 마음 아려
울 엄마가 그리워진다

달의 이야기

가을 밤하늘
밤이면 별과 함께
떨어지는 별똥별

빛을 내지 못하지만
태양의 빛을 받아
반사하는 너의 운명

저 달 속에
개수나무아래 토끼가
방아 찧는 모습

별이 빛나는 밤이면
달빛 그늘에 앉아
지난날을 꿈꾸고

저 달 속에 꿈을 키운
젊은 날의 추억들이
알알이 영글어 가네

방랑객의 자화상

거짓 없는 자연의 속성
방랑객의 삶도 뜬구름
내일은 어디로 가야할지

간다고, 간다고
잡을 사람 있겠소
발걸음 닿는 대로 가리다

인생은 완벽한 것보다
부족한 듯 모자란 듯
이것이 인생 아니겠소

세상이 변했다 한들
인간미까지 변하겠소
헛소리도 받아 주이소

한평생 떠돌아다닌들
그 누가 말리겠소만
내일도 태양은 뜰 것이오

치매의 삶

망각의 창
내가 누구인지
나이를 잊은 그대

왔다 갔다
뭐 하려 하는지
기억에서 지워졌다

치매라는 것을 알아야
치유의 첫걸음 인지
자존심과의 사투

하루, 하루가
삶의 의욕을 복 돋아
함께 하는 자신감

깨어있는 시간은
불안 속에 늘 긴장된 일상
망각의 창 깨우지 말아주오

제4부

갈바람 불어오면

2018. 11월 재경동지산악회 정기산행
(충남 홍성 용봉산)

갈바람 불어오면

그 무엇이 중요하랴
그리움이 짙어지면
붉게 물들어 가듯이

갈바람 불어오면
그곳이 어디라도
그곳으로 달려가리다

못 다한 그리움
고향의 선후배 만나
마음달랠 수 있다면

한 달에 한번 이라도
고향의 향수 느끼며
먼 날의 기억 다독이려니

그날이 언제일지 몰라도
흔적 남겨놓은 여백 찾아
그곳으로 달려가리다

인생의 그림자

어둠에 지쳐 가면
켜켜이 쌓인 흔적위에
돌아갈 수 없는 추억

세월은 흐르고 흘러
남산위에 보름달 떠오르면
한강에도 그리움 몰려든다

미련이야 없겠냐. 만
언젠가는 그 언젠가는
가야만 하는 그곳

휭하니 왔다간 바람
너만은 기억하리라
그날의 그 추억들

돌아갈 수 없는 인생
한번가면 돌아올 수 없는
걸어온 인생의 그림자

가을의 바램

갈바람의 길목에
오가는 사람들
나 홀로 서성인다

간절한 기다림은 아니지만
단풍색이 짙어지기 전에
먼저 한 발짝 다가가고파

계절의 건널목 지나
콧노래 흥얼거리며
제이에게 달려간다

언젠가 떨어질 낙엽
마냥 기다릴 수 없어
만추 느끼고 싶어

여울에 떨어지기 전에
마지막 소망을 담아
갈바람타고 달려가려니

간이역 대합실

오가는 계절에
잊은 듯 멀어진
그리움하나 걸렸다

이따금 경적 울리면
멈춘 벽시계도
남겨놓은 추억들도

영영 만나지는 못할
평행선을 그리며
떠나버린 뒷모습

한번 마주친 인연도
세월과 함께 멀어져가고
되돌릴 수 없는 그리움

추억만 남겨놓고
해질녘 막차로 떠난
텅 빈 간이역 대합실

소쩍새 우는 밤

스산한 바람 따라
창문으로 스며드는 달빛에
잠 못 드는 이 밤

달빛 머금은 박꽃
휜칠한 달맞이 꽃
밤에 피어나는 그리움

무슨 사연 있기에
이 밤도 당신 찾아
소쩍새 울고 있는지

임이시여! 이내마음 담아
조각배 띄우노니
마음만은 받아주오

귀뚜라미도 울다 지쳐
풀잎에 맺힌 눈물
소쩍새가 우는 이 밤에

당신의 마음

논두렁 밭두렁
오솔길 넘고 넘어
오가던 추억의 산길

수크렁 암크렁
길섶에 맺어진 사랑
그렇게 흔적만 남겼다

밤이면 밤마다
꿈속에서 소식전하며
맺어진 사랑의 결실

스산한 달빛아래
가로등불 뒤로하고
멀어져간 그대 뒷모습

세월은 흐르고 흘러도
아직도 알 수 없는
당신의 마음……

*수크렁, 암크렁 : 외떡잎식물 아시아 온대, 열대
여러해살이풀, 양지쪽 길가 서식

자유로운 영혼

오가는 계절에
잠시 머물다 가는
우리네 인생

한해의 여유로움도
보내야하는 마음에
아쉬움을 남겼다

옷깃 스친 인연에도
의미를 부여하고
순리 따라 흘러가지만

인생의 흔적도
세월은 흔적 없이
그렇게 한해두해 보냈네

변화무쌍한 세상
무엇을 남기고, 버려야 할지
자유로운 나의 영혼이여!

바다와 어부

하늘과 땅 사이
달빛에 젖어들어
마시고 토해낸다

멸치 떼가 선두에 서니
갈치며 고등어 볼락까지
뒤를 이어 행진 하지만

밀려드는 파도에 맞서고
고기떼 앞 다투어
어부들을 불러 세운다

덩치만큼 부풀린
멸치 떼의 반격에도
쉽사리 물러설 줄 모르고

은빛파도의 물결 타고
검푸른 파고의 일렁임에
어부의 마음도 만선이다

짧은 인생

한낱 인생도 구름
바람에 밀려
정처 없이 흘러간다

히포크라테스는
"인생은 짧고
예술은 길다"고 했던가

앞만 보고 살다보니
어느덧 인생도 황혼
저녁노을이 쓸쓸하다

술 한 잔 앞에 두고
살아온 날 돌아보지만
온 길도 지워진지 오래

남은 인생이라도
하루살이처럼 살아야 하나
짧은 인생이 시리다

함께 간다는 것은

동행한다는 것은
쉽지 않은 인생여정
멀리보고 묵묵히 가자

욕망을 채우려고
배려 없는 행동들
나를 옥죄는 줄 모르고

출세나 명예를 지키려
파렴치한 행동들
눈에 가시와 같은 것

나보다 남을 배려하고
행복할 수 있다면
베풂으로 인생을 즐겨라

소소한 행복도
소박한 즐거움으로
함께 한다는 것은 믿음

마당바위에 앉아

갈바람이 어느덧
관악산 정상을 점령하고
동지인을 맞는다

차곡차곡 새겨진
추억의 산길에도
소복이 낙엽만 쌓여

낙엽 밟으며 걸어도
기다리던 그 사람
어디쯤 오고 있을지

설렘 안고 찾아왔건만
마당바위는 텅 빈 공터
휑하니 찬바람만 분다

붉게 타들어가는 관악산
억새마저 황혼을 맞아
저문 노을이 시려온다

*재경동지동문 합동산행 2018. 10. 13일
관악산 마당바위에서

황혼에 지는 노을

삶이 무언지 몰라도
산다는 것이
다 그런 것인지

하늘 한번 쳐다보지 못하고
앞만 보고 달려왔건만
어느새 황혼의 문턱

정답 없는 인생 논하며
외로운 길 걸으며
한길로 걸어왔다

정신은 불혹의 나이
밑 빠진 독에 물 채운들
만족하지 못하는 삶

지는 노을이 슬픈 것은
작은 욕심의 미련일지
황혼에 지는 노을이 아리다

인생도 한조각 구름

새하얀 백지위에
한조각 구름 그리고
그 여백에 마음을 담아본다

태양과 함께 일어나
해바라기처럼 바라보고
하루의 발자국 남기지만

저녁노을이 찾아들면
막걸리 한 사발에
노을이 붉게 타들어

커피 잔의 온기 속에
살아온 삶의 애환들
내일의 새로운 꿈을 꾼다

깃털처럼 가볍게
한조각 구름 되어
꿈속을 유영하고 싶어서

귀뚜라미 우는 밤

또르르 – 또르르 –
무슨 사연 있기에
저토록 슬피 우는지

아픔도 한순간
그래도 이웃이 있으니
내일의 희망 꿈꾸자

사랑을 위해 운다면
내가 도와줄 수 없지만
이 밤이 새도록 노래하렴

또르르 – 또르르 –
추위가 다가오기 전에
좋은 소식 전해다오

귀뚜라미 우는 밤
그래도 좋은 이웃이 있어
외롭지만 행복하네 그려

*재건축 임시 반상회 2018. 10. 14 집 앞 등나무 밑에서

영천 벌의 40년

보았느냐, 느꼈느냐
넓은 광야를 지키는
우렁찬 함성 소리를………

이순 넘기고
먼 길 걸어왔건만
변함없는 저들의 기상氣像

조국 명예 충용의 정신아래
함께한 40년, 함께할 40년
함께했기에 가능했으리

조국의 간성이 되겠다고
영천 벌을 호령하다
피지 못하고 진 동기생들

주름진 계급장에 새겨진
그간의 노고 말로 다하리오
충성연병장의 잔디인 것을……

*2018. 10. 19 임관40주년기념 남산 제이그랜하우스에서

나의 동무들

천리 먼 길 친구 찾아
마음 설레며 달려온
그리운 친구의 마음일까

우리네 인생도 어느덧 가을
봄꽃보다 아름다운
진한 가을향기

언젠가 맞이할 겨울
가을이 가기 전에
이 가을단풍을 즐기자

짧은 시간의 만남도
헤어짐의 아쉬움에
술잔에 추억담아 마셔본다

강릉에서 지는 노을이
함께한 동무들이 있어
더 붉게 빛을 발하네

*2018. 10. 20-21 장기중학교 20회 추계나들이
오대산 상원사, 월정사, 삼양양떼목장 강릉 경포호등

달빛에 젖어

그믐에 어둠이 짙어지면
초승달이 그리워지듯
그렇게 반달이 온달 되고

달도 차면 기우 듯
언젠가 그 언젠가
우리네 인생도 그렇게 지겠지

달빛 그늘에 앉아
인생을 논하며
함께했던 친구들……

저 달 속에 흑백사진들
어디서 무얼 하고 있을지
달아 너는 이 마음 알까

달빛에 젖어들면
추억 속에 묻어둔 그리움
낙엽처럼 쌓여만 가네

상원사 찾아

비바람이 흩어지면
낙엽마저 떨어져
세월에 쌓여가는 고뇌

인생이 뭔지
삶이 뭔지도 모르면서
무엇을 바라는지

다 부질없는 욕심
자연과 더불어 살며
삶의 이치 깨우쳐본다

찾아드는 나들이객
세속의 묵은 찌꺼기
무슨 사연 풀어놓고 갈지

오대산자락 상원사, 월정사
굽이굽이 휘돌며 흐르는
참회의 도랑이로세

꿈속 이야기

눈먼 소경의 시간
벌레들의 속삭임에
별과 달의 이야기

꿈속의 미로 좇아
각본 없는 주인공 되어
희망 찾아 떠나는 시간

떨어지고 굴러도
이끌어주지 않아도
익숙한 길의 성장통

별빛이 지고나면
제자리 찾아드는
긴 – 긴 밤의 여정

생의 마지막바램
그곳에 나만의 열정
낯익은 꿈속 이야기

쓸쓸한 가을(1)

햇빛에 반짝이며
은빛 물결위에 잠자는
산기슭의 카멜레온들

벌레 먹은 잎도
낙엽 되어 쌓이고
타다만 잎 곱게 물들어간다

한해의 노여움도
깊어가는 가을햇살에
물 드는 산길의 바람

생의 마지막이 될까
잰 걸음으로 다가와
지는 노을이 아쉽다

부여잡은 손마디에
새 생명 잉태하고
침묵 속에 떨어진다

쓸쓸한 가을(2)

가마솥더위 때는
가을을 갈망했고
비를 맞으며 걷고 싶었다

만추 지나고 나니
떨어지는 낙엽 바라보며
외로움 감출수가 없다

조석으로 불어오는 한기
게 눈 감추듯 움츠려드는
왠지 허전한 마음

곡간채운 알곡들
풍요로 움도 잠깐
동지를 걱정해야 하나

노을이 짙어지면
찾아드는 외로움
왠지 쓸쓸한 가을풍경

인생도 구름

인생나이 겨울이오면
누가 뭐라고 해도
듣지도 보지도 마라

살아온 길 되새김질하며
묻지도 말고
추억 먹고 살자

빈손으로 왔다가
빈손으로 가는 것
인생 뭐 별것 있겠소

덤으로 사는 인생
욕심내려놓고 바라보면
세상은 참 살기 좋은 곳

건강하게 살다
북망산천 떠날 때
돌아보지 말고 가시게

사모곡

삶은 언제나 고달플까
웃음 없는 도시생활
다들 힘겹게 살아간다

무병장수를 꿈꾸지만
꽃샘추위에 진저리치듯
그렇게 일찍 가셨나

지켜주지 못한 불효자식
이순 넘어 철 들어도
때늦은 후회뿐

말기 암의 고통 삼키며
자식 눈에 상처 줄까
눈물 삼키며 보낸 시간들

마음한구석 빈자리
채워줄 수 없는 그리움
당신이 보고 싶습니다

길의 여정

태고 때 길은 없었다
누군가 만든 길
누군가 따라간 길

길 위에서 만나고
안부를 묻고 지내며
쉼 없이 길을 걷는다

족적의 흔적위에
또 다른 족적위에 덧칠하고
큰길로 넓혀간다

무언의 약속처럼
흙먼지가 골을 채우고
골짜기를 만들고

만남과 헤어진 자리
갈림길위에 이정표
오늘도 인생길을 만든다

빈틈

찬바람 불어오면
떨어지는 씨앗들도
혹독한 겨울을 준비 한다

삶이 다 그러하듯
새 생명의 터전이 될지
냉혹한 현실의 세상

허점과 비교되는
빈틈은 삶의 공간
생의 마지막 터전

비바람이 몰아쳐도
메마른 대지에 남은
마지막 여유로운 공간

빈틈은 삶의 터
마지막 남은 인간미
미륵바위 되려나

구천동의 장기나팔

재 넘고 넘어
장기천강바람 모래언덕
갯냄새 나는 고향사람

홀로 남겨진 세월
덧없는 인생도
웃고 살아야 할 백세인생

봄이면 이팝꽃에 설움달래고
가는 길에 수줍은 산딸기 만나는
충효의 고장 장기고을

가을이면 초가지붕에
박이 영글어 둥근달 보며
얘기 나눈 추억의 그림자

장기의 풍악소리가
구천계곡 울려 펴지는 날
하늘도 슬피 울었소.

*2018. 10. 28 장기면민 합동산행 전북 무주구천동에서

밀려간 세월

세월에 밀려난 삶
불러도, 불러 봐도
대답 없는 노신사

나이 먹고 병들어도
한때는 큰소리치며
세상을 호령했다

굴곡진 인생이라지만
힘겨운 시절 보냈기에
그 무엇이 두려우랴

늙은 육신에도
정신만은 살아남아
자존심은 지켜가지만

밀려간 세월에
후회만 남겨두고
떠나버린 인생여정

무주구천동

산새가 숲 깨우고
바람이 새벽을 열어
개울물에 세수한다

가지에 메달린 무지개
등산객의 포즈에
물빛은 하늘 향하고

삼십삼경 전설이 모인
향적봉의 눈꽃소식에
발길 머문 백련사

구천폭포에 마음 씻고
꽃잎진자리 마다
속세의 찌꺼기 내려놓는다

휘몰아치는 골바람
푸른 하늘 뭉게구름도
먼 길 떠나려하네

초겨울의 꿈

춤사위 사이로
가을정취 한가득 안고
떠나가는 들녘

오가는 계절에 만나
꿈같은 밀월의 시간도
그렇게 보내야 했다

창문 닫은 햇살
봉창 넘어 빛도
한해를 마감하려는지

장독대 위에도
어느덧 서리가 점령해
상고대가 피어나는 시기

눈감으면 떠오르는
그리운 밤의 무대
잠 못 이룬 지난밤의 꿈

정들은 고향집

동지섣달 긴긴밤
봄날의 들녘은
꿈속에서나 볼지

문풍지 우는소리
어이해 들을 고
부엉이 우는 소리 아리다

세월에 밀려난 아이도
추억의 그림자위에
어느덧 부모의 나이

온기 찾아드는
긴긴 밤의 정적들
그리움이 엄습해오면

어이하랴
무너져 버린 고향집
그 시절이 그립다

별들이 잠든 성내천

을씨년스러운 날씨
노랗게 물든 단풍도
어느덧 떨어져 처연한 모습

성내천 소리길
갈대숲에도 서걱대며
흐느껴 우는소리

떠나지 못하고
매의 눈으로 주시하는
왜가리의 슬픈 모습

별들이 잠든 성내천
살기위한 몸부림도
별을 찾는 외로운 밤

별빛이 숨은 송파나루
아랫목이 그리운 밤
누가 식은 가슴 데워줄지

안방 찾아온 화초

야생마처럼 뛰어놀던
베고니아, 엔젤트럼펫, 군자란
게발선인장, 백량금, 등

방안가득채운 향기
온기 느끼며 찾아온 식구들
주인의 정 느낄지

베란다 넘쳐 거실까지
점점 늘어나는 식구들
안방까지 점령했다

창문 넘어 햇살은
좁은 공간 넘고 넘어
너 보란 듯 웃고 있지만

한겨울 지나
봄 찾아올 날 기다리는
초롱초롱한 화초들의 눈빛

방랑객의 삶

맑은 하늘아래
눈 덮인 산야
두메나 산골 내 고향

한곳에 머물지 못하고
변화무쌍한 삶 살아가지만
방랑객의 흔적은 남겼소

나그네에게 길은 멀듯
불러주는 이 없어도
갈 곳은 많으니 말이요

살아있는 만물들이
나의 친구이고 벗이니
심심할일 있겠소만

나의 무지가 알려준
아름다운 이름 풀꽃이 있고
그림자가 동행하지 않소

한 생의 주름

눈이라도 내리려나
쏟아질 듯 한 날씨
온종일 창가를 서성인다

빼앗긴 땅거미도
들녘은 말이 없고
죄 없는 하늘만 원망하네

짓밟히고 문질러진
오솔길의 잡초들도
내일위한 꿈을 꾸고

한 끼 양식 구걸하며
마음한쪽 빈 공간 남겨두고
가을은 그렇게 갔다

한 생명의 일대기
죽어야 다시 태어나 말하는
한 생의 주름인 것을……

나목에 기대여

소설 지나고
흰 구름 떠가는 하늘
낙엽진자리마다 꿈을 심었다

바람에 실려 간 낙엽도
켜켜이 덥고 덮어
한 겨울을 준비하는데

떠나간 계절은 말이 없고
장작 패는 소리가
메아리 되어 흩어지고

앙상한 가지마다
장승처럼 서있는
그대는 어찌할꼬

너 보란 듯
그렇게 먼 산 바라보며
가슴앓이하고 있네

갈등葛藤

바른길 가라고
밤낮 달래고 타일렀지만
꼬여가는 삶의 굴레

너의 삶 누가 말하리
어미가 그랬듯이
타고난 유전형질

칡(葛)과 등나무(藤)
맞잡은 손마디가
살기위한 몸부림일지

스스로 해결하지 못하고
누군가를 희생시켜야하는
모순과 대립의 악순환

보랏빛에 검붉은 꽃잎
너의 운명적 만남이
갈등을 만들었나 보네

쫓겨난 직박구니

무심코 던진 돌 하나가
누군가는 맞아 죽거나
부상을 당할 수 있는 것

어느 봄날인가
먹이를 물어 나르며
새끼를 키우던 직박구니

전지작업 명목으로
터전을 잃어버린 텃새
하루아침에 떠돌이신세다

누구의 잘못도 아닐 텐데
무심히 잘린 나무들
쫓겨난 직박구니 가족들

무임승차한 텃새도
어느 날 갑자기 집을 잃고
떠돌이 신세가 되었네

인생은 일장춘몽

배고픔도 사치였나
살아생전 누리지 못하고
아등바등 살았는지

모자람도 부족함도
쓴 소리 들어가며
감내하며 살았소

언제한번 웃고 살리오
백년도 살지 못하면서
천년을 살 것처럼 했는지

현실은 탐탁하지 않으니
돈도 명예도
다 부질없는 것

빈손으로 왔다가
어차피 빈손으로 가는
인생은 일장춘몽이라오

노을 앞에서니

노을 앞에서면
바람 앞에 등불처럼
찬바람이 불어온다

살아온 인생만큼
꿈도 많았고
그리움도 많았지

세월 이기지 못하고
달빛 그늘에 앉아
지난날을 되돌아본다

잘 살았던 못 살았던
다 그만 그만한 나이
무슨 욕심 있겠소

마지막 남은 열정
그 설레는 마음속에
내일의 희망 꿈꿔보네

산행과 인생

인생이 그러하듯
새로운 것에 도전하고
인연의 끈 맺어간다

멈춤 없는 세월
혼자라면 할 수 없는 길
함께 라서 가능 했으리

쉼 없이 오르는 만큼
가쁜 숨소리에
속세의 찌꺼기 내려놓고

오르락내리락 인생고개
어느 산이 다그러하듯
살아온 인생이 그렇다

산행은 인생과 닮아있어
산에 왜 가느냐고 물으면
이것이 나의 인생길이라고

*무술년 종무산행 충북괴산 옛 산막이길 걸으며

첫눈 내린 날

밤사이 첫눈 내리고
겨울비가 온다
기다린 사람은 오지 않고

비가 끝나면 오려는지
할머니가 손자 기다리듯
아마도 그런 마음이려니

바람에 뒹굴던 낙엽도
나목에 기대여 잠들면
한겨울 지나겠지

한해가 지고나면
그만 인걸 뭘 그리
바쁘게 살아왔는지

걸어온 길 뒤돌아봐도
기다림도 그리움도
다 잊고 살아가는 것을

영원한 것은 없다

인생 반 바퀴
잘살아 왔는지
걸어온 길 뒤돌아보지만

정답 없는 인생길
어떻게 살아야 할지
객관적인 기준은 없다

굴곡진 인생여정
영원한 행복도 불행도
마음먹기 나름이라지만

한순간의 선택이
행복을 좌우할 수 있으니
후회는 해도 늦은 것

죽고 사는 것은
나의 영역이 아니니
영원한 것은 없더이다

행복의 열쇠

노을이 흘러간 자리
어둠이 찾아들 듯
인생도 그렇게 익어간다

밤이면 밤마다
낮이면 낮마다
해야 할 일이 있고

사랑하는 사람과
함께 대화 나누며
태양을 바라볼 수 있다면

남은 생은 욕심내려놓고
못 다한 사랑 나누며
초심의 마음으로 살자

배려와 희생으로 살다
꿈을 꿀 수 있다면
가장 행복한 사람입니다

임 그리운 밤

가는 세월 풍미하다
송림에 눈 덮이니
난들 어이 피해가리

꽃보다 진한향기
추풍에 떨어지니
백발 또한 피해가리

흐르는 물이야
높낮이 알겠느냐 마는
가는 곳 왜 몰라 하는지

시름 잊으려
술에 취한들
본심은 잊을 수 없고

엄동설한 지나고
봄 찾아오면
임 찾아 가리다

*무술년 첫눈내린 밤

수행자의 길

믿음이 뭘까?
종교란 무언지
나약한 인간의 존재

장벽 아닌 통로 만들어
욕망과 열정 채우는
순수한 인간의 마음

산이 높고 험할수록
신앙심은 깊어지는
참된 수행의 길

삼보일배 수행도
자신위한 길이 아닌
이웃위한 배려

바닷물로 소금을 만들듯
땀과 기다림의 수행들이
순수한 인간의 참모습

현내들 가면

반겨주는 이 없는 신작로
갯냄새는 장기천 따라
거슬러 오르고

들녘의 향기는 식어
지난추억 그리워
몸져 누웠다

묵묵히 걸어온 길도
차디찬 샛물의 흐름도
잊힌 그날을 기억할까

흔적 지워진 숲 그늘
그 속에 친구들의
속삭임도 들녘 누비고

시인의 마음에도
갯냄새 따라 걸으며
수채화 한 폭 그려 본다

한해를 보내며

첫눈내린 거리
나약해진 마음에
몸은 움츠려들고

서리 맞은 갈대
서걱되는 쇠소리에
육신은 굳어지고

우둔해진 걸음 거리
첫걸음 연습하는
아이의 모습일지

푸르던 시절 보내고
화려한 단풍까지 보냈으니
앙상해진 나목

영원한 것도 없더이다
아직은 때가아니라고 하지만
갈대도 늙은이 마음일지요

인생도 양파껍질

가보지 않은 곳
그곳은 미지의 땅
툰드라의 빙하

정답 없는 길 걸으며
좌충우돌 하지만
실망할 필요는 없다

인생도 양파껍질
그곳은 마지막 남겨진
미지의 땅

가보지 않았기에
누구도 알 수 없기에
꿈과 희망이 숨어있으니

누가 인생을 논할까만
까도 까도 알 수 없는 것이
인생이 아닐지요

난 행복한 사람

하루가 한 달, 한해
세월은 변함없건만
변해가는 것은 마음일지

누군가는 기도 한다
걸을 수만 있다면
볼 수만 있다면 하고

보고 듣고 느끼며
늘 부족한 5%가
마음을 짓눌렀는지

불 수 있고
들을 수 있어
난 행복한 사람

행복도, 불행도
한 치 마음속에 있는 것
이제는 비워버리고 살자

울림의 길

꽃이 지고 나서야
그 시절이 좋았다는 것을
뒤늦게 알 듯이

반질거린 골목에도
어느덧 잡초들이 들어와
세월 속에 잊힌 길

누군가는 기억하고
가꾸지 않으면 지워진
추억속의 이야기

허허로 운 마음에
바람이 일러준 길
그길 따라 가려니

막힌 골목이라도
닫힌 문이라도
생명의 온기 불어 넣으리

늦기 전에 사랑할래

만남은 인연이고
관계는 노력이라고 하지만
어찌해야 할지요

세월은 잡을 수 없으니
변해가는 이 마음
다독여 보지만

내가가는 이 길이
험하고 힘들 지라도
함께 간다면 좋으련만

부질없는 욕심이라도
곁에 남아있길 바라는
그런 마음으로 살리라

짧은 만남도 아쉽다 만
언젠가는 그 마음 닿을지
그날이 기다려진다

설화 피는 날

낙엽진 자리마다
설화가 피어나
새벽을 밝힌다

온갖 풍상의 흔적들
한해의 마무리
덮고 덮은 낙엽더미

비우고 비워낸
가벼운 몸짓하나에도
마지막 열정 토해내고

저 높은 곳을 향해
오르는 철새 떼
깨달음의 길로 인도하듯

고난 끝에 핀
자유로운 영혼으로
그날위해 기도하려니

행복의 조건

행복이 뭔지
불행이 뭔지도
모르고 살았다

언제 부턴가
만남이 인연이 되고
관계는 노력이 되었다

행복도 불행도
먼 곳이 아닌 마음속에
있음을 깨달았고

내일의 꿈이
행복이 욕심을 낳고
더 불행하게 만들었다

큰 것이 중요한 것이 아니라
작은 것에도 소소한 만족이
행복의 출발점 이란 걸

번지 없는 주막

개여울에 물이 흘러
세월도 구름처럼
인생도 그렇게 흘러간다

막걸리 한 사발에
번지 없는 주막집에
취기로 흥얼거려 봐도

지는 노을 아쉽다 만
방랑객의 길은 멀고
인생도 꿈만 같으리

달빛 그늘에 앉아
술잔에 잠긴 달빛
추억 한 사발 담아

서늘한 냉가슴에
붉은 열꽃피어나면
마지막 열정 불태우려니

*보름문인회원 번개모임 종로3가 주막집에서

창작의 단계

시 밭에 씨앗을 뿌리고 알몸으로 받아드려야
세상의 진미를 느낀다.

오감을 느낄 수 없다면 시궁창에 빠진 격
창작의 나래 펼치지 마라

마음의 문을 열고 자연을 만끽하면서
맨발로 걸어보라

자유로운 영혼에도 무언가 찾으려는 갈증
그것이 무엇이든 간에 삶의 애환 나누고
느낌을 즐길 수 있다면 창작의 〈1단계〉

긴 한숨 내쉬고 보고, 듣고, 느끼며
화두를 던져보라
연못에 돌을 던지면 파문이 일어나듯
가슴으로 느껴보라

긍정과 부정사이 관심과 의문의 꼬리
그것이 화두의 주제
자연은 그대로 인데 삶은 언제나 굴곡
마음도 언제나 변화무상

가시밭길 걸으며 인생이 무언지 느껴보라

그것이 창작의 〈2단계〉

한편의 시를 얻기 위해
아픈 만큼 삶의 고뇌 풀어
휴지통 들락거리며 지새운 밤

주경야독 지새운 밤
시어 찾아 해맨 시간들의 결과물

꿈속에서 점지해준 하나
산과 물은 다르지 않으니
순리를 지켜야 하느니

힘겨움도 한순간
열정에 목말라야 샘을 팔수 있는 것
영원이란 없는 것
자연의 이치 따라 물 흐르듯 흘러가라

이렇듯 창작이란 힘들고 어렵지만
노력의 결과물이니
꾸준히 앞만 보고 걷다보면
언젠가는 그곳에 닿으리라

남한산성 방랑객 거암 김 현 철

송파나루에서

발자국에 남긴 이야기

인쇄일 _ 2019년 8월 26일
발행일 _ 2019년 9월 10일

글쓴이 _ 김현철
khyun310@hanmail
발행인 _ 이 형 중
발행처 _ 도서출판 동 강
서울시 성동구 성수2가3동 277-7
TEL _ 02. 2277. 0423
FAX _ 02. 2268. 5391
E-mail sjmj0423@hanmail

정가 12,000원